마지막 생존 코드,
디지털 트랜스포메이션

마지막 생존 코드, 디지털 트랜스포메이션

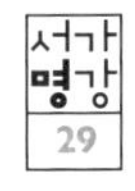

비즈니스의 미래를 재설계하는 혁신의 비밀

유병준 지음

서울대학교
경영대학 교수

21세기북스

이 책을 읽기 전에 학문의 분류

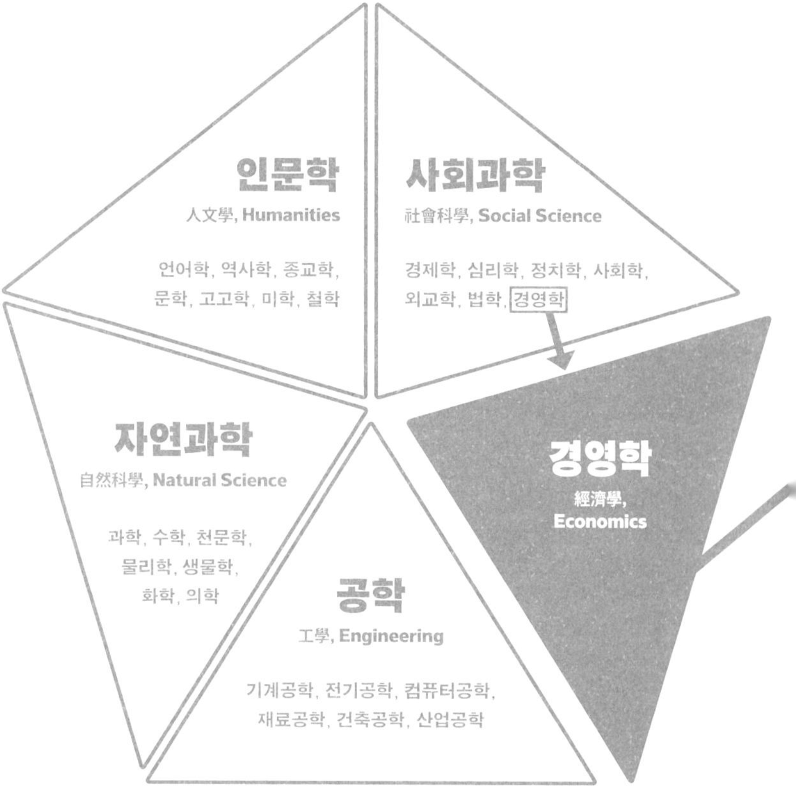

인문학
人文學, Humanities

언어학, 역사학, 종교학,
문학, 고고학, 미학, 철학

사회과학
社會科學, Social Science

경제학, 심리학, 정치학, 사회학,
외교학, 법학, 경영학

자연과학
自然科學, Natural Science

과학, 수학, 천문학,
물리학, 생물학,
화학, 의학

공학
工學, Engineering

기계공학, 전기공학, 컴퓨터공학,
재료공학, 건축공학, 산업공학

경영학
經濟學,
Economics

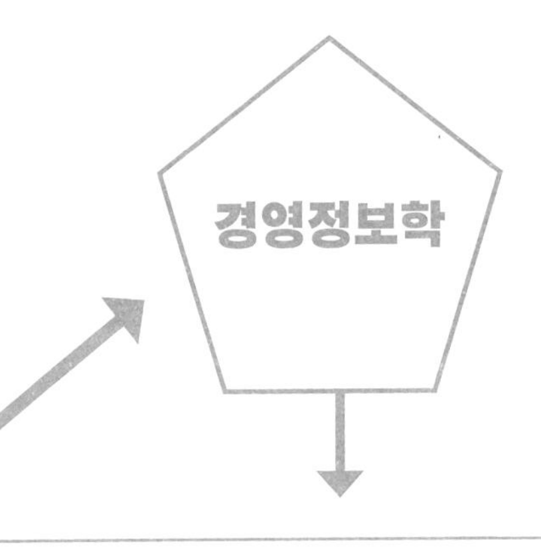

경영정보학이란?

經營情報學, Management Information Systems

정보기술(Information Technologies)을 활용하여 원재료인 데이터를 가공, 산출한 경영정보를 통해 경영자의 의사결정을 돕는 학문이다. 기업의 생존과 발전을 위해서는 경영자의 의사결정이 중요한데, 빠르고 정확한 의사결정을 위해서는 좋은 데이터를 획득하고 가공하여 기업의 특성과 관리 수준에 따라 경영자에게 필요한 경영정보를 제공하는 것이 필수다. 전자상거래의 점진적이면서도 지속적인 발전, 빅데이터와 이를 활용하는 인공지능(AI, Artificial Intelligence)의 발전과 함께 경영정보학에 대한 관심과 중요성이 더욱 커지고 있다. 세부 분야로는 기업의 경영정보시스템 구축을 위한 시스템 분석 및 설계, 데이터의 시스템적 구축을 위한 데이터베이스 관리, 기업의 새로운 유통채널이 된 전자상거래, 경영정보의 계량적 분석을 위한 비즈니스 애널리틱스, 기초적인 코딩 교육 등이 있다.

이 책을 읽기 전에 주요 키워드

BPR(Business Process Reengineering)

비용, 품질, 서비스, 속도 같은 기업의 핵심 부분에서 성과를 극대화하기 위해 프로세스를 재설계하는 경영방식이다. 가장 효율적인 과정을 위해 업무의 흐름을 분석하고 최적화하며, 업무상의 단계들을 통합하고 단순화하는 등 재설계한다. 해머와 챔피(Hammer & Champy, 1993)가 BPR의 창시자라고 할 수 있다.

디지털 트랜스포메이션(digital transformation, 디지털 전환)

일반적으로 기업에서 디지털 기술을 적용해 전통적인 운영 방식과 서비스 등을 혁신하는 것을 뜻한다. 사물인터넷(IoT), 클라우드 컴퓨팅, AI, 빅데이터 솔루션 등 정보통신기술(ICT)을 플랫폼으로 구축하고 활용해 전통적 구조를 변화시키는 것이다. DT, DX 등으로 축약되어 표현하기도 한다.

플랫폼 비즈니스

사업자(공급자)가 네트워크를 구축하여 소비자의 시·공간적 제약을 받지 않고 참여할 수 있도록 하는 사업 형태를 뜻한다. 스마트폰이나 게임기 제조업체들은 소프트웨어 공급자들이 다양한 서비스를 제공하는 장을 마련해주고, 쇼핑몰의 경우 여러 상점이 입점하게 함으로써 원스톱 쇼핑이 가능한 플랫폼을 제공한다.

애자일 조직

애자일(agile)이란 단어는 '날렵한', '민첩한'이란 뜻을 가진 형용사로, 필요에 의해 협업하는 소규모 팀(cell)을 기반으로 업무를 수행하는 조직문화다. 애자일 조직의 가장 큰 목표는 변동성이 높고 불확실성이 큰 비즈니스의 상황 변화에 대응해 빠르게 성과를 도출하는 것이다.

옴니채널(omnichannel)

소비자가 오프라인, 온라인, 모바일 등 다양한 경로를 통해 상품을 검색하고 구매할 수 있도록 하는 서비스다. 각 유통 채널의 특성을 결합해 어떤 채널에서든 같은 매장을 이용하는 것처럼 느낄 수 있도록 조성한 쇼핑 환경을 말한다.

빅테크(big tech)

대형 정보기술(IT) 기업을 뜻한다. 미국 정보기술 산업에서는 대표적으로 구글, 아마존, 메타, 애플, 마이크로소프트의 5개 기업을 꼽는다. 국내 금융 산업에서는 네이버와 카카오 등 온라인 플랫폼 제공 기업으로 금융 시장에 진출한 업체를 지칭하는 말로 쓰인다.

디지털 네이티브(digital native)

태어나면서부터 디지털 기기에 둘러싸여 성장하여, 디지털 기기를 원어민처럼 자유자재로 활용하는 세대를 뜻한다. 통상 1980년~2000년 사이 태어난 세대를 일컫는다. 2001년 미국 교육학자 마크 프렌스키가 「디지털 원주민, 디지털 이민자(digital natives, digital immigrants)」라는 논문에서 처음 사용한 말이다.

양손잡이 조직

로버트 던컨이 1976년에 처음 제시한 개념으로, 왼손과 오른손을 모두 사용하는 것처럼 조직에서 유연성과 효율성을 이원화해야 한다는 주장이다. 조직의 효율성을 높이고 리스크는 줄이는 역량인 '활용'과 창조성에 리스크 감수가 요구되는 역량, '탐색'이 공존하는 전략이라고 정의할 수 있다.

차례

"인류는 역사상 가장 드라마틱하고 다이내믹한 전환의 시기를 눈앞에 두고 있다. 디지털 전환이 확실한 미래 트렌드가 된다는 말이다."

들어가는 글

피할 수 없는 미래, 디지털 트랜스포메이션

1992년 22세였던 나는 마이클 해머와 제임스 챔피Michael Hammer & James Champy의 『비즈니스 프로세스 혁신Business Process Reengineering』이라는 책을 읽고, 조직의 모든 정보를 아울러 의사결정을 하는 시스템을 꿈꾸며 경영정보학을 공부하기로 결심했다. 미국에서 유학 후에는 교수로서 전자상거래를 연구했다. 학문적이면서도 현실에서 의미를 가지는 연구를 하겠다는 목표로, 기업들과 함께 고민하며 소통하면서 그 결과를 보수적인 학계에서도 인정받고 연구하고 싶었다. 연구를 위한 데이터를 공유하기를 꺼리는 한국의 기업들과 실무자들을 설득하면서, 20여 년간 기업들이 데이터에 기반한 의사결정을 하는 시스템을 완성하기를 꿈꿨다.

정보를 소중히 의사결정에 활용하고, 새로운 시스템에 기업을 맞추는 기업의 구조적 변화를 과감히 실행하고, 플랫폼 기반 전자상거래를 사업에 도입하라는 조언을 기업들에게 계속해왔지만 "좋은 말씀이지만 지금은 힘들 것 같습니다. 다음 기회에…" 같은 답변을 들으며 언제 그 시기가 올지 의문스럽기도 했다.

하지만 최근 2~3년간 놀라운 변화가 일어났다. 초대된 강연, 만남에서 한국의 최고경영자들이 '플랫폼 비즈니스'를 하고 싶은데 어떻게 해야 하느냐고 묻기 시작했다. 플랫폼 비즈니스가 세계를 석권하기 시작하면서 도입하지 않으면 도태될 수 있다는 생각을 하게 된 것이다.

더 이상 실패를 두려워하지 않고 전 세계 리딩 기업들의 사례를 배우며 새로운 시도를 하는 것은 매우 반가운 일이다. 이런 도전에서 놀라운 성공 사례들이 나오고 보다 많은 기업에 변화가 일어나기를 바란다.

처음의 굳은 마음이 풀어지고, 지쳐가는 조직의 반대에 부딪혀 다시 과거로 회귀하고, 데이터 기반 의사결정은 요원하며, 소수 리더와 임원의 직관적 판단과 독단으로 의사결정하는 과거 BPR의 실패에 멈추지 말길 바란다. 어떤 구체적인 방법으로 조직을 변화시키고 저항을 극복하며, 플랫폼 기반의 정보 시스템 구축을 통해 효익을 실현할지를 진정으로 고민하기를 바란다.

이를 위해서는 조직에서, 나의 일에서 이를 도입하여 변화할 수 있는 과감한 용기와 기존 관념을 벗어난 발상의 전환이 필요할 것이다.

함께 고민하며 훌륭한 아이디어들을 제공해준 인터넷 기업들의 기업인들, 디지털 전환을 위해 진심으로 고민하는 모습을 보여주신 대기업 CEO분들과 자료정리를 도와준 학부, 석사과정의 조교들에게 감사드린다. 마지막으로, 세상에 도움되는 연구를 한다는 구실로 가장 가까운 곳에 있는데도 소홀했던 부모님, 큰이모, 장인, 장모님, 와이프와 아들 재균에게 미안하고 고마운 마음을 전한다. 동시에 내가 그동안 진정으로 하나의 목표를 향해 열심히 살았다는 작은 증거인 이 책을 바친다.

2023년 4월

유병준

1부

DIGITAL PLATFORM

대전환 10년, 생존하는 기업의 비밀

살아남는 기업이 되기 위해서는 확실한 비대면 개방 혁신이 필요하다. 왜 꼭 만나야만 신뢰가 형성되는가? 이제 낡은 소통방식과의 결연한 결별, 새로운 소통방식과의 기꺼운 포옹이 필요하다. 메타버스 트렌드에 가볍게 올라타는 유연한 사고는 기본일 것이다.

중요한 건 퀄리티보다 속도다

지금, 기업은 어떤 변화를 대면하고 있는가?

디지털 트랜스포메이션, 즉 디지털 전환이라는 다소 거대한 주제, 인류 혁신에 관한 이야기를 기업의 생존 전략 관점에서 시작해보겠다. 앞으로 10년 후면 그야말로 기업의 운명은 극명하게 갈릴 것이다. 살아남는 기업과 사라지는 기업으로.

인류는 역사상 가장 드라마틱하고 다이내믹한 전환의 시기를 눈앞에 두고 있다. 그런데 정작 그 시대의 한복판에서 있는 우리는 그 거대한 물결을 제대로 느끼지 못하는지도 모른다.

먼저 디지털 전환 관점에서 기업이 마주한 현실은 비대

면 개방 혁신이다. 코로나 시대를 맞아 새롭게 등장한 비대면 방식은 이제 많은 사람에게 상당히 익숙해졌다. 그렇다 보니 과연 대면 방식이 비대면 방식보다 좋은 것인지에 대한 의구심이 들기 시작했다. 나 역시 처음 비대면 강의를 시작할 때는 학생들과의 소통이 원활하지 않다는 생각에 상당히 갑갑했다. 정보 커뮤니케이션의 효율성 측면에서 낮은 점수를 줄 수밖에 없었다.

나와 같은 구세대들은 직접 만나야만 신뢰가 형성되고 소통 및 거래가 잘된다고 생각한다. 일단은 한 번이라도 대면이 이루어진 뒤에라야 온라인 관계가 수월해진다고 생각한다. 그런데 젊은 세대의 생각은 조금 다른 것 같다. 새로운 세대는 온라인상에서 사귀다가 관계가 진전된 후에 실제로 만나는 것이 자연스럽다고 한다. 그런 세대에게 대면 방식의 우위는 논할 수 없다.

커뮤니케이션상 비대면의 장점은 정보의 교환이 모두 기록되고, 측정이 가능하다는 것이다. 공간, 시간에 제약되지 않는 상호작용이 가능하다. 사실 지금은 대면 회의를 할 때도 나중에 다시 확인해보려고 일부러 비대면 방식의 장치를 활용하기도 한다. 카메라를 켜놓고 회의를 진행하는 것이다.

그런데 실제 비대면 방식에서 상호소통이 원활하게 느껴지지 않는 이유에는 기술적인 부분도 있다. 예를 들어 지금은 카메라를 보는 것과 화면을 보는 것이 다르다. 화면에 사람 얼굴이 나오면 아무래도 그 사람(화면)을 보고 이야기하게 되는데, 사실 초점은 카메라로 향해야 한다. 그러므로 화면에 나오는 사람과 카메라를 보는 시선이 일치되도록 기술 보정을 한다면 훨씬 더 효율적인 커뮤니케이션이 이뤄질 것이다.

당연히 비대면 방식을 보다 효율적으로 활용하는 기술적 방안들은 계속해서 나올 것이다. 동기식 또는 비동기식으로 다양한 아이디어를 가진 커뮤니케이션 도구들이 나온다면 현재 비대면 방식의 어색함은 자연스럽게 해결될 것이다. 생각해보면 1995년 전자상거래 방식의 초기 실현 시점에서도 많은 사람이 다소간의 불만을 토로했었다. 그리고 다들 "아직 익숙하지 않아서"라고 이야기했다. 하지만 지금 그러한 불만은 완전히 해소되었다.

보통 인간이 하나의 커다란 변화에 익숙해지는 데 15년이 걸린다고 한다. 그렇다면 지금의 비대면 방식도 15년쯤

지나면 완전히 익숙해지지 않겠는가.

온라인 플랫폼 개방 혁신

3차원 공간에서 만나는 SNS라고 할 수 있는 메타버스를 떠올려보자. 요즘 젊은 세대들은 메타버스 안에서 상호소통하는 것이 2차원에서 대면 소통하는 것보다 더 친근하다고도 한다.

알바천국에서 2022년 4월에 실시한 설문조사에 따르면, MZ세대 10명 중 7명 정도가 메타버스에서 일상을 보낸다고 응답했다. 이용 빈도는 월 1회 이상과 주 2~3회 이용이 대부분이지만, 거의 매일 이용한다고 응답한 헤비 유저도 9.1%나 존재했다.

MZ-세대는 메타버스 공간 안에서 시간, 거리, 장소에 구애받지 않고 원하는 경험을 하며 만족감을 느끼고 있다. 그뿐만 아니라 현실에서 만나기 어려운 다양한 사람들과 소통하며, 메타버스상에서 돈을 벌기도 한다.[1]

김상균 강원대 교수는 MZ세대의 메타버스 선호 현상의 원인을 창작의 자유성에서 찾았다. 요즘 청소년들은 제페토에서 본인들이 각본을 쓴 드라마를 찍고, 로블록스에서는 게임 아이템을 만들어 수십억을 벌기도 한다. 드라마, 게임 등을 만들기 위해 시간, 자본적인 제한이 큰 현실공간과 달리 끊임없이 창작할 수 있기에 메타버스에 열광한다는 것이다.[2]

여기에 온라인 플랫폼 개방 혁신이 최근의 또 다른 트렌드라고 할 수 있다. 플랫폼 기업 간, 플랫폼 기업과 애플리케이션 기업 간의 협업 활성화를 위해 각각의 비전, 도구, 기술들이 전파되고 공유되고 있다. 그리고 글로벌 플랫폼 기업들은 개방형 혁신 활성화를 위해 플랫폼 협업을 촉진하는 조직문화 및 내부 전문가, 외부 커뮤니티 전문가를 다수 확보하고 있다. 외부 전문가들이 개방형 혁신이 잘 이루어지도록 도움을 주고 있으며, 조직의 협업을 권장하는 에반젤리스트evangelist를 육성해서 내부적으로도 온라인 플랫폼, 개방 형식이 잘 이루어지도록 하는 것, 이것이 현재 또 하나의 트렌드라고 할 수 있다.

온라인 플랫폼 개방으로 기업의 시스템에 어떻게 접근하고 자원을 활용할 수 있는지 알려주면 내부의 시스템을 사용할 수 있다. 아이폰의 경우, 아이폰 내부의 어떤 자원을 어떻게 쓸 수 있는지를 아이폰이 전부 알려주지 않는가.

APIApplication Program Interface를 전부 개방한 것이다. 아이폰의 피처를 이용해서 소프트웨어를 만들고, 행동과 위치를 감지하는 것은 내부 기능을 쓸 수 있다는 뜻이다.

이처럼 기업의 API를 개방함으로써 비즈니스 모델을 외부의 전문가들과 공유하는데, 이를 위해서는 개별 기업뿐만 아니라 사회 시스템 차원의 통합적 접근이 필요하다. 여기에 블록체인까지 결합하면, 이른바 '프로토콜 경제'가 일어나게 된다.

요즘 마이데이터 사업에 관해 많이 이야기하는데, 마이데이터의 데이터 포맷에 대해서도 표준 약정이 생긴다면 데이터 공유가 훨씬 더 활발해질 것이다. 플랫폼 개방 혁신이 확실한 미래 트렌드가 된다는 말이다.

스티브 잡스는 왜 마켓 리서치를 믿지 않았을까?

그렇다면 비대면 시대에서 기업의 환경은 어떻게 변화하고 있을까? 포스트코로나 시대를 맞아 일자리 자체가 변하고 있다. 비대면, 비접촉성의 중요성이 커지면서 재택근무가 많아지고 노동 시간이 줄어들고 있다. 정부 주도하에 일자리 변형 및 일자리 창출이 가장 중요한 과제로 대두했다.

그리고 조직의 경우, 재택근무의 효율을 높이는 디지털 인프라 강화가 중요해졌다. 고립된 상태에서 일할 수 있도록 조직의 형태에 변화를 주고 있는데, 실제 분당에 마련된 네이버 제2사옥은 건물 자체의 기능보다는 재택근무를 활성화하는 인프라 구축에 신경 쓰는 사옥이다.

기술적으로는 비접촉 인터페이스, 이른바 NFT Non-Fungible Token(대체불가능 토큰)가 증가하고 있다. 이제 터치스크린 수가 줄어들고, 음성 인터페이스와 머신 비전 인터페이스 등이 점점 더 활성화되고 있다. 사실 이것은 매우 재미있는 현상으로, 사람들은 이제 터치 자체가 싫어진 것이라 할 수 있다. 자동결제도 비접촉 방식의 결제 시스템이 늘어나고 있다.

그리고 디지털 전환의 중요한 부분으로, 플랫폼 기업들의 업무수행 방식이 바뀌고 있다. 마켓의 출시 기간과 준비 과정이 대단히 짧아지고, 완성도가 낮은 상태로 출시하는 것이 일반화된 것이다. 자동차 생산 공정을 예로 든다면, 예전에는 약간의 오류도 용납할 수 없었다. 그런데 지금 테슬라의 경우, 인간의 생명에 위협을 주는 정도가 아니라면 일정 정도의 불완전성이 용납된다. 왜 그럴까? 이제 속도가 퀄리티보다 중요하다고 생각하기 때문이다.

60~70퍼센트의 완성도로 시장에 출시해서 반응을 보는 것, 이것은 기존의 제조업에서는 생각할 수 없었던 변화다. 작고한 스티브 잡스는 시장의 마켓 리서치를 믿지 않는다고 했다. 그는 자신의 감感으로 시장에 출시한다고 했는데, 이때의 감이라는 것은 단순한 예지력이 아니라 시장의 반응을 느끼는 것이다. 일단 시장에 출시해 고객의 반응으로 평가받고 제품을 수정하는 것이다. 시장 자체를 제품 실험장으로 사용했던 것이다.

처음 애플 맥킨토시를 개발한 1985년 인터뷰에서도, 12년 후《비즈니스위크》와의 인터뷰에서도 잡스는 마켓 리서치를 부정했다. 잡스는 "대부분의 사람은 당신이 그것을 보여주기 전까지 본인이 무엇을 원하는지 모른다"라고 말했다.

헨리 포드 역시 같은 말을 했다. 최초로 자동차를 대중에게 보급한 그지만, 그는 사람들이 스스로 자동차를 원한다고 얘기하지 않을 것이라고 말했다. 사람들에게 무엇을 원하는지 물었다면 사람들은 '더 빠른 말'이라고 대답했을 것이라는 이야기는 유명하다.

반대로 마케팅 리서치만 믿고 사업을 진행했던 코카콜라는 400만 달러의 손해를 보기도 했다. 1985년 4월 23일 코카콜라의 로베르토 고이수에타 회장은 13개 도시에서 약 20만 명을 동원하여 최대 규모의 시음회를 열었다. 소비자 설문 결과를 바탕으로 기존의 전통적인 맛 대신 새로운 콜라, 뉴코크New Coke를 생산하기로 발표했다. 그러나 시장의 반응은 냉담했다. 400만 달러를 투자하여 2년간 연구조사해서 내린 결정이었지만, 정작 고객의 니즈를 제대로 읽는 데 실패했다. 코카콜라는 원래의 제조법으로 돌아가기로 결정할 수밖에 없었다.

펩시코PepsiCo 역시 코카콜라와 쌍벽을 이루는 청량음료업계의 거물 회사지만 비슷한 실패를 했다. 검은색이 아닌 투명한 색의 크리스털 펩시Crystal Pepsi를 출시했는데 고객들이 싫어한 것이다. 무색소, 무카페인의 대체제로 시장조사 결과에서는 긍정적인 반응이었는데도 말이다.[3]

시장의 탑 플레이어가 실패한 사례는 무수히 많다. 디즈니가 한화 약 3000억 원의 제작비를 투여하고 1200억 원의 마케팅비를 쏟아부어 만든 대작 〈존 카터〉는 처참하게 실패했다. 구글이 2010년 야심 차게 출시한 온라인 협업

툴 구글 웨이브Google Wave도 실패했다. 막대한 자본력을 바탕으로 대대적인 홍보를 했지만, 시장 실패로 인해 몇 달 후 제품을 철수했다. 구글 프로젝트인 자이쿠Jaiku나 구글 앤서Google Answers도 마찬가지였다.

아마존의 신제품과 서비스의 50퍼센트가 실패한다고 한다. 왜일까? 무엇이 성공할지 확신할 수 없으므로 끊임없이 새로운 상품을 내놓기 때문이다. 빠른 시간에 적당한 완성도의 신제품을 선보인 후 시장 반응이 좋으면 지속적으로 생산하고, 아니면 거둬들이는 방식이다. 과거에는 돌다리도 두들겨보는 심정으로 열심히 두들겨서 출시하고 성공을 기다렸다면, 이제는 그렇지 않다.

재미있는 것은, 지금은 기업의 아이디어와는 별개로 소비자가 제품의 용도를 새롭게 발견하기도 한다는 것이다. 예를 들어 네이버가 만든 밴드 서비스가 그렇다. 이게 사실 처음에는 잘되는 듯하다가 이용이 주춤했는데 최근에 다시 잘되고 있다. 네이버도 생각지 못한 용도를 고객이 발견한 덕분이다.

코로나19로 인해 학교는 정상적으로 수업을 진행하지 못하는 상황을 보완하기 위해 수업 밴드를 개설하고, 교회

도 온라인 예배 플랫폼으로 밴드를 개설했다.[4]

밴드의 새로운 이벤트인 '인증 밴드'가 젊은 층들에게서 챌린지를 위해 이용되기 시작했다. 아침 일찍 일어나기, 매일 다섯 잔 이상 물 마시기 같은 세분화된, 일시적인 화제로 밴드를 개설하고 소통할 수 있다는 게 이벤트를 통해 알려졌다.

미션 인증 이벤트로 진행했던 '작심삼일 탈출 프로젝트'가 성공적인 반응을 얻자, 네이버 밴드는 '미션 인증' 기능을 고정 서비스로 업데이트했다.[5]

코로나19로 인해 학교에서 친구들을 볼 수 없고 모임이 온라인으로 대체되는 상황에서, 밴드의 인증 미션은 이야깃거리를 따로 만들지 않고도 소통할 수 있는 간단한 방식으로 10대들의 마음을 샀다. 사소한 행위의 완성으로 친밀감을 드러낸 방식인 것이다.[6]

고령화되었던 밴드의 이용층은 젊어졌으며, 1800만 명 수준이던 밴드 이용자 수도 2000만 명으로 급증했다.

그래서 시장 반응을 보고 판단하면 된다는 것이다. 그런데 여기에는 조건이 따른다. 기업 입장에서는 제품을 제때 출시하는 만큼 사후 평가 또한 냉정하고 빨라야 한다. 아무리 막대한 투자금과 다수의 인력을 투입했더라도 시장의 반응이 좋지 않으면 실패를 냉정히 평가하고 빨리 조치를 취해야 한다. 과거에는 열심히 사전 조사를 하고 출시한 만큼 몇 달을 버티고 버텼지만 이제 더 이상 그런 수는 통하지 않는다.

내가 아는 모 인터넷 기업의 경우, 1년 동안 100명 이상의 프로그래머를 투입해 100억 원 이상의 경비를 들여 서비스를 만들었으나 시장 반응이 좋지 않자 두세 달 만에 거두기도 했다. 지금은 빨리 반응하고 빨리 대처하는 것이 이기는 길이다. 따라서 인터넷 기업들의 의사결정 시간은 가능한 한 짧아야 한다.

그렇다면 우리나라를 이끄는 네이버나 카카오 같은 인터넷 기업의 의사결정 시간은 얼마나 걸릴까? CEO까지 올라갔다가 실무자까지 내려와서 액션을 취하는 데 걸리는 기간이 3일 정도라고 한다. 이렇게 빠르니까 문제가 생길 경우 빠르게 대처할 수 있는 것이다.

반면 통상 국내 대기업의 의사결정 시간은 어떻게 될까? CEO까지 올라갔다 다시 실무자로 내려오는 데 보통 5주가 걸린다. 대부분의 기업 조직은 차장, 부장, 상무로 올라가는 6~7개의 계층이 있어서 그 단계를 거치려면 대략 5주 정도가 소요되며, 그중 의사결정을 위임하고 단계를 한두 개 생략하면 대략 3주까지는 줄어든다고 한다. 그래봐야 인터넷 기업과는 상대가 되질 않는다.

대기업의 규모는 의사결정이 빨라질 수 없는 요인이 아니다. 아마존은 세계에서 가장 규모가 큰 기업 중 하나지만, 의사결정의 속도가 여전히 빠르다. CEO 제프 베조스Jeff Bezos가 지속적으로 빠르고 혁신적인 기업으로 남을 수 있게끔 언제나 속도를 강조하기 때문이다. 베조스는 연간 주주 서한에서 큰 회사들의 획일화된 의사결정 시스템이 문제라고 역설한다.

베조스에 따르면 의사결정은 크게 두 가지로 분류될 수 있다. 1종 결정과 2종 결정이다. 1종 결정은 불가역적인 결정, 즉 결정을 내렸을 때 결과를 되돌릴 수 없거나 결과를 되돌리기에 너무 많은 시간과 노력, 자본이 들어가는 결정이다. 이 경우 많은 분석과 자문, 심사숙고가 필수적이며 시간이 오래 걸릴 수밖에 없다.

문제는 대부분의 경우, 필요한 것은 1종 결정이 아니라는 것이다. 대다수의 문제는 최선의 결정을 하지 못한 경우에도, 차선에 선택에 대한 결과를 빨리 수용하고 낮은 비용으로 다시 결정해도 된다. 이런 문제는 최선의 결정보다 빠른 결정과 결과에 대한 피드백이 더 중요하다. 이런 결정들을 베조스는 2종 결정이라고 정의한다.

큰 회사들의 혁신이 정체되고 조직이 느려지는 이유는 대부분의 의사결정에 1종 결정을 선택하기 때문이다. 그 결과 조직은 점점 느려지고 무조건적으로 위험을 회피하려고 하며, 충분한 실험을 하지 못해 궁극적으로는 혁신이 멈춘다는 것이다.[7]

아마존은 최근 두 가지가 추가되어 열여섯 가지가 된 리더십 원칙을 초기부터 고수하고 있는데, 이는 아마존의 사내 문화와 업무 방식을 규정하는 내용이다. 그중 아홉 번째 원칙은 명시적으로 속도를 강조한다.

> 행동 우선주의:
>
> 비즈니스에선 속도가 중요하다. 많은 결정과 행동들은 되돌릴 수 있으며, 광범위한 연구를 필요로 하지 않는다. 우리는 계산된 리스크 감수를 중시한다.[8]

혁신이 요구되는 시대에는 속도가 퀄리티보다 훨씬 중요하다. 많은 사람이 이를 모르기에, 그리고 이와 반대되는 방식으로 일하려는 경향성을 가지기에 더욱 그러하다. 그러나 아마존이 끊임없이 혁신하며 성공적으로 규모를 키워올 수 있었던 것은 속도에 대한 집착 덕분이었다.

회복 탄력성을 갖춘 '애자일' 조직

플랫폼 기업을 하기 위해서는 신속한 의사결정이 필수이며, 따라서 네트워크 등의 코어 기능이 내재화되어야 한다. 그런데 그동안 기업의 IT 기능은 상당 부분 외주화되어 있었다. 원가를 낮추기 위해서 당연히 그럴 수밖에 없었는데, 흥미롭게도 이제 다시 그 기능이 기업 내로 들어오기 시작했다. 내재화를 해야만 빠른 액션이 가능하기 때문이다.

아마존의 CEO 제프 베조스는 사실 그다지 커뮤니케이션 능력이 뛰어난 인물은 아니라는 비난도 받지만, 의사결정에서만큼은 다르다. 그는 말단 사원이라도 중요한 일이 있으면 언제든 연락할 수 있는 핫라인을 만들었다. 말단 사원이 CEO와 직접 업무 이야기를 한다는 것은 말로만 가능하지, 아직도 국내 기존 대기업에선 감히 상상할 수 없는 일이다.

하지만 국내 조직도 차츰 이러한 변화에 맞춰 바뀌고 있다. 성과 측정 방식에서도 애자일 조직, 즉 기민한 조직으로 변화하고 있다. 애자일 조직은 단순한 부서별 실행이 아니라 부서 간 경계, 낡은 형식을 허물고 변화에 신속하게 대응하는 조직 형태를 의미한다. 여기서는 성과에 기반한 생산성을 유지하고 향상하는 것이 중요하다.

그리고 회복 탄력성을 가지는 것이 매우 중요하다. 그저 잘하는 것만이 아니라 어떤 사건이 벌어졌을 때 빨리 대응할 수 있는 것이 상당히 중요한 능력이 된다. 비대면이나 비접촉 환경 아래서 기업은 업무 및 직무에 최적화된 IT 혁신 기술을 도입하고, 조직은 민첩해지고, 직원들은 더욱 밀접하게 연결되어 소통해야 한다. 그래서 완벽한 검토, 실행보다 빠른 대응과 개선의 유연성으로 조직의 성격을 변화시켜나가야 한다.

이를 위해서는 당연히 개방형 혁신을 도입해야 한다. 탄력적 조직 구조와 혁신을 위해 상당 부분의 인적 자원을 개방형 구조로 확보해야 한다. 앱스토어의 API 개방 등이 이에 해당한다고 볼 수 있다. 애플은 30퍼센트의 수익을 주며 아이폰을 전 세계 프로그래머들에게 개방하는 대신에 자신의 서비스를 위해 일하는 수백만의 프로그래머들을 얻을 수 있었다. 불과 수백 명의 프로그래머로 자사 서비스만을 고집하던 국내 서비스 기업들의 몰락은 안타까운 반대 사례가 되겠다.

정부기관의 플랫폼 운영이 실패하는 이유

그래서 배달 앱을 정부가 하는 것은 매우 비효율적인 일이다. 현재 많은 정부기관이 다수의 앱, 플랫폼을 만들고 싶어 하는데, 정부기관의 플랫폼 운영이 잘 안 되는 데는 정치적 의도를 100퍼센트 배제하고 학문적, 논리적인 이유가 있다.

불확실성이 높은 상황에서는 정확도보다는 시장에 빠르게 서비스를 내고, 시장 반응에 따라 수정하는 것이 필요하다고 했다. 그러기 위해서는 의사결정이 빠르고 유연해야 하고, 플랫폼 운영이 내재화되어야 한다고 했는데, 정부기관의 일이 어디 그런가. 모든 것이 정확해야 하고, 의사결정 절차가 길다. 심지어 지자체의 경우는 안건이 의회까지 통과하려면 최소한 두 달 이상이 걸린다. 그리고 내부에

IT 인력이 없으니 전부 외주화하는 것으로 해결한다.

플랫폼 기업의 조건을 모두 거스르는 것이 정부 조직이다. 정부의 수많은 플랫폼 사업이 실패하는 이유다. 플랫폼 역할은 정부가 하는 것이 맞으나, 플랫폼 서비스는 정부가 못하는 것이다. 많은 정부 플랫폼에서 인터페이스상 에러를 불평하는 댓글이 너무나 많고, 구글 평점에서 민간기업들은 5점 만점에 대부분 4점대를 받는데 정부 플랫폼은 1점대 평점까지 받고 있다는 것은 주지의 사실이다.

21년 10월 20개 지자체 공공배달앱의 이용 현황을 분석한 결과 지난 2일 하루 활성 이용자DAU는 19만 4903명으로, 국내 1위 민간 배달앱 '배달의 민족' DAU (599만 1988명)의 3퍼센트 수준인 것으로 밝혀졌다. 지자체 자체 예산으로 개발하고 운영하는 공공배달앱은 수십억 원씩 낭비하고 있다.

경기도의 '배달특급', 대구시 '대구로', 광주시 '위메프오', 충청북도 '먹깨비' 등 4곳을 제외한 16개 공공배달앱은 DAU가 1만 명에도 미치지 못했다. 서울시 '제로배달유니온', 인천시 서구·'배달e음', 울산시 '울산페달', 세종시 '배슐랭', 충청남도 '샵나라', 전라남도 '쌍쌍여수', 부산시

'동백통'(시범 운영) 등 8개 공공배달앱은 DAU가 0으로 나타났다. 모바일인덱스 관계자는 "DAU가 500~600명을 넘어서지 않으면 유의미한 데이터가 분석되지 않아 0으로 표기한다"고 말했다. 8개 공공배달앱의 경우 하루 이용자가 600명이 되지 않는다는 것이다.[9]

정부에게 플랫폼 역할을 하라는 말을 정부기관들이 오해하는 부분이 있는데 여기서 정부의 플랫폼 역할은 보다 광의의 '메타' 플랫폼 역할을 하라는 것이다. 쉽게 말해 플랫폼이라는 이름의 플랫폼 사업을 할 수 있는 판, 여건을 정부가 만들어주라는 말인데, 이를 정부기관들이 오해해서 직접 플랫폼 사업을 하는 것을 플랫폼 역할이라고 생각하는 것 같다. 이는 명백한 플랫폼 사업의 오남용이 아닐 수 없다.

플랫폼의 거버넌스 구조는 민간 운영으로 위양되고 민간 이익을 공유하는 인센티브를 줘야 한다. 즉 플랫폼은 전적으로 플랫폼만을 위해 노력하는 사람이 필요하다. 그것이 전부인 조직이 필요한데, 외주를 주면 돈 받고 서비스를 해주는 것에 불과하며, 정부도 플랫폼을 위한 온전한 조직이 아니다. 결국 아무것도 되지 않는다는 말이다. 현재 금융위원회에서 마이데이터 사업을 진행하면서 플랫폼 운영을 이야기하는데, 이 부분도 민간화를 추진해야 할 것이다.

플랫폼은 절대 정부 조직이 할 수 있는 사업이 아니다. 특히 플랫폼에는 사용자를 모으는 마케팅 기능이 필수적인데, '공보'가 아닌 마케팅은 정부가 가장 취약할 기능일 뿐더러 정부의 영역이 아니라고 생각된다.

초격차를 만드는 플랫폼 비즈니스

플랫폼 비즈니스 모델의 등장

지금은 플랫폼이라는 말을 정말 많이 한다. 사실 디지털 트랜스포메이션이 부상한 것이 바로 플랫폼 기업이 세상을 지배하면서부터다. 그래서 기존 기업들도 플랫폼을 하지 않으면 안 된다고 생각한 것이다. 그럼 플랫폼 비즈니스 모델이 왜 등장하게 되었는지 잠시 살펴보자.

플랫폼 비즈니스 모델은 산업 패러다임 변화에 따른 새로운 비즈니스 모델이다. 1970~1980년대는 하드웨어의 시대로, 사용가치 중심의 비즈니스 모델은 그 하드웨어를 파는 것이었다. 예를 들어 소비자들이 TV를 10년마다 한 번 구매한다면, 그 비즈니스 모델의 수입은 10년에 한 번

패러다임 변화에 따른 비즈니스 모델 변화[10]

돌아오게 된다. 선풍기를 5년마다 구매한다면 5년마다 돌아오는 등, 해당 하드웨어를 팔 때마다 비용을 지불하는 시스템이었다.

그러던 것이 1990년대 들어오면서는 마이크로소프트가 주도하는 소프트웨어 중심의 시대로 변화했다. 이때부터 마이크로소프트는 석유 기업을 제외한 기업 서열에서 1위 자리를 차지하면서 명실상부한 마이크로소프트 시대가 펼쳐졌다.

90년대 들어와서 소프트웨어 매출은 하드웨어 매출의

2배가 되었는데, 흥미로운 사실은 소프트웨어 매출이 늘어난 이유가 하드웨어의 가격이 지속적 혁신을 통해서 계속 내려갔기 때문이라는 것이다. 하드웨어는 생산성이 날로 좋아질 수밖에 없다. 예컨대 매년 제조사에 납품하는 하청업체들은 비용을 매년 5~10퍼센트씩 낮추기 마련이다. 그러니 계속해서 값이 내려가는 것이다.

반면 소프트웨어는 생산성이 늘지 않았다. 생각해보면 30년 전 내가 대학생 때 샀던 40MB 하드와 컬러 모니터 컴퓨터 가격이 현재 1000배 이상 좋은 보통 데스크탑 컴퓨터 가격보다 높았다. 현재 컴퓨터 성능이 훨씬 좋음에도, 지금 100만 원 주는 컴퓨터를 그때는 200만 원 주고 샀던 셈이다.

아무튼 소프트웨어 시대가 되면서 하드웨어는 프리미엄 하드웨어 수익 전략을 가지게 되었다. 삼성전자는 하드웨어 시장에서 살아남고 가격경쟁을 피하려면 어쩔 수 없이 아주 비싼 하드웨어를 만들어서 팔 수밖에 없었다. 가격을 높게 받기 위해서는 다른 사람들이 팔지 못하는 프리미엄 하드웨어를 내놓을 수밖에 없는 것이다.

궁극적 지향점이 된 '플랫폼 비즈니스'

1990년대 마이크로소프트의 아성은 일견 너무도 견고한 듯 보여 결코 깨지지 않을 것만 같았다. 그런데 너무 간단히 무너졌다. 2000년이 되어 구글이 주도한 네트워크 플랫폼 비즈니스 모델이 나오면서부터다. 바야흐로 데이터의 시대가 도래한 것이다. 데이터의 시대에 지식의 가치는 투여량에 비례하지 않고 지수적으로 증가한다. 무한대로 증가해 무한대의 가치를 가지게 된다.

고객이 월간 또는 연간으로 정액 이용료를 지불하고 기업이 고객에게 지속적으로 상품이나 서비스를 제공하는 형태의 구독 모델, 또는 기본 모델을 공짜로 쓰다가 고객이 원하면 추가로 쓰는 부가가치 모델이 데이터 시대의 비즈니스 모델이다. 대표적인 예가 게임회사의 자발적 아이템 판매 모델In-App Purchase Model이다. 보통 게임은 공짜로 할 수 있지만 더 잘하고 싶으면 게임 내에서 아이템을 사야 한다(예를 들어, 중세 유럽 배경의 MMORPG 게임 안에서 말과 칼 아이템 사기).

이렇게 80년대, 90년대에는 상상할 수 없는 일들이 일반화되었고, 새로운 데이터의 시대가 펼쳐지게 되었다. 그렇다면 플랫폼 비즈니스 모델은 어떻게 되는가? 플랫폼이란 것은 과연 무엇인가?

플랫폼은 기술적 플랫폼과 비즈니스 플랫폼으로 나눠 볼 수 있다. 비즈니스 플랫폼은 사용자와 사업자가 만나는 플랫폼이고, 기술적 플랫폼은 이것을 가능하게 하는 테크니컬 플랫폼이다. 기술적으로 사용자와 사업자가 만날 수 있도록 하는 것이다.

기술적 플랫폼을 일컬어 '유사 서비스를 하나의 틀에 담은 집합으로서 부가가치를 창출하려는 시도'라고 하는데, 이는 하나의 세팅을 해두면 다른 데도 적용할 수 있다는 말이다. 복사가 가능하다는 것인데, 그렇다면 과거에는 되지 않던 것이 왜 이제 나오게 된 것일까?

사실 과거에는 이런 플랫폼을 가지고 정보를 모으는 데 비용이 너무 많이 들었다. 이익보다 비용이 크니 실현되지 않은 것이다. 그런데 IT 기술이 발달하면서 정보를 모으는 비용이 낮아졌고, 정보도 훨씬 많아지면서 그에 따른 이익이 상당해졌다. 사물인터넷 시대가 되면서 이익이 비용을 크게 상회하면서 플랫폼 비즈니스가 강력하게 부상한 것이다.

플랫폼 비즈니스 모델의 통합 서비스[11]

보통 2010년 SNS가 세상을 움직이면서부터 플랫폼 비즈니스의 위력이 강해졌다고 하는데, 그 기세는 한 해 한 해가 다른 것 같다. 그 비중이 엄청난 속도로 커지고 있는 것이 현실이다.

플랫폼 비즈니스의 파괴력 및 일방향성

플랫폼 비즈니스 모델의 혁신이 놀랍다는 것은 파괴력 및 일방향성을 가지고 있다는 뜻이다. 이는 실제 독과점과 연관된다. 예를 들어 과거에는 집 수리를 할 때 각각의 서비스를 따로따로 이용했다. 수도가 고장 나면 수도 고치는 사람을 부르고, 전기가 고장 나면 전기 고치는 사람을 부르는 식이다. 그런데 플랫폼 모델로 오면서 통합 서비스가 가능

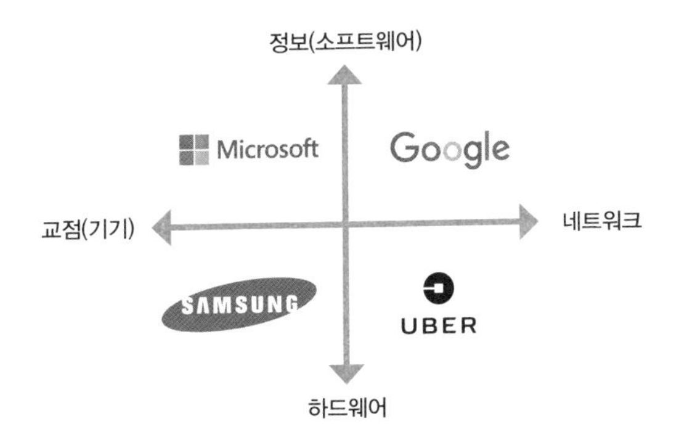

플랫폼 비즈니스 모델의 일방향성[12]

해졌다.

이제 과거처럼 수리 전화번호를 찾거나 동네를 수소문해서 서비스를 찾는 게 아니라 플랫폼에서 모든 것을 해결한다. 그런데 플랫폼에서 내가 찾은 것은 정말로 내가 고른 것이 아니다. 우리는 플랫폼이 우선적으로 목록화해주는 것들 중에서 선택하게 된다. 사실상 고르는 것도 플랫폼이 한다는 말이다. 플랫폼에 의해서 우리의 선택이 좌지우지되는 것이다.

플랫폼 비즈니스 모델의 일방향성에 관해 위의 그림으로 이해해보자. 오른쪽에 있는 구글이나 우버처럼 하드웨어나 소프트웨어를 '네트워크로 공급하는' 기업은 소프트웨어나 하드웨어를 '만드는' 왼쪽 그룹으로 언제든 넘어갈 수 있다. 마이크로소프트나 삼성 쪽으로 언제든 움직이는 것이 가능하다는 것이다. 사실 구글은 이미 상당히 넘어가기도 했다.

그런데 하드웨어를 만드는 기업은 네트워크로 넘어갈 수 없다. 즉 네트워크를 장악한 기업의 좌측 이동은 가능하지만 제품 기업의 우측 이동은 불가능하다는 것이 일방향성의 뜻이다.

이렇듯 네트워크 기업은 언제나 확장 가능성이 있기 때문에 유수의 하드웨어 기업들은 늘 긴장 상태에 놓이게 된다. 플랫폼 기업의 위력이 지금도 막강하지만 마음만 먹으면 더 커질 수 있으니, 하드웨어 기업들은 늘 조마조마한 심정일 수밖에 없다.

투자자의 사랑은 '플랫폼 기업'에게

현재 전 세계 시가총액 10위 기업 중 70퍼센트를 차지하는 7개 기업이 플랫폼 기업이다. 시가총액이 높다는 것은 규모가 크다는 게 아니라 이익률이 커서 가치가 높다는 것이다. 즉 변동 비율이 낮은 것이다.

고정비는 한번 투자하면 그만이기에 변동 비율이 낮으면 낮을수록 이익률은 대폭 상승하게 된다. 예를 들어 우리나라 게임회사의 이익률은 줄여 잡아도 50퍼센트에 육박한다. 제조기업은 10퍼센트도 꿈의 수익률이라고 하는데, 플랫폼 기업인 게임 기업들의 이익률은 그에 비하면 놀라운 수치가 아닐 수 없다.

역사적으로 보면, 마이크로소프트의 윈도우즈 오퍼레이팅 시스템을 만드는 부서의 이익률이 90퍼센트였다. 원가가 10퍼센트라는 이야기다. 그만큼 플랫폼 기업은 이익률이 높다. 게다가 일단 한번 성공하면 그 성공이 복사, 반복된다.

제프 베조스가 아마존을 처음 만들었을 때의 비전이 '전 세계에서 제일 큰 북스토어'였다. 그런데 지금 아마존은 서점뿐만이 아니라 오픈 마켓 등을 비롯한 모든 서비스를 다 한다. 아마존의 로고 또한 'A to Z'를 가리키는 화살표를 포함하고 있다.

이처럼 아마존이 A에서 Z까지 가능한 것은 애초에 만든 북스토어의 경험 덕분이다. 서점 서비스로부터 얻은 고객 추천 알고리즘을 모든 방면에 그대로 활용할 수 있기 때문이다. 서점 세팅과 매칭하는 알고리즘만으로 모든 사업을 다 할 수 있게 된 것이다. 단지 복사를 계속하는 것으로 사업이 성장하고 경쟁력까지 갖추게 되니, 실로 미래 파급효과는 엄청나다.

플랫폼 기업은 규모가 크지 않아도 된다. 기업에게 중요한 것은 규모가 아니라 이익이다. 사실 독점 기업의 폐해는 많이 파는 게 아니라 적게 팔고 이익을 많이 내는 것이다. 예컨대 애플은 마음만 먹으면 가격을 낮춰서 더 많이 팔 수 있지만, 그렇게 하지 않는다. 가격을 높여 적게 파는 것이 이익을 더 많이 남기기 때문이다.

우리나라 3위 고용기업인 LG전자의 매출은 65조 원이고 직원은 4만 명인데, 가치는 20조 원도 되지 않는다. 반면 네이버는 매출이 6조 원이고 본사 직원은 3900명인데, 가치는 40조 원 정도로 훨씬 비싸다(2021년 기준). 확실히 규모가 큰 기업이 아니라 이익을 많이 내고 가치가 높은 기업이 플랫폼 기업이다. 당연히 투자자에게는 시가총액이 높은 기업, 이익을 내는 기업이 좋을 것이다. 지금 은행들이 디지털 트랜스포메이션을 하는 것은 규모를 키우겠다는 목적을 가진 것이 아니다. 이익을 많이 내야 투자자에게 사랑받게 되니, 여러모로 기업들은 플랫폼 기업으로 전환하고 싶을 수밖에 없다.

암호화폐 거래소 업비트를 운영하는 두나무의 경우, 2021년 기준 영업이익률이 88.3퍼센트에 달했다. 이는 플랫폼이 아니라 실물 기반으로 운영한다면 절대 이룩할 수 없는 수치다. 가상화폐 거래 플랫폼으로 빠르게 성장한 두나무는 매출이 2019년에 1402억 원, 2020년에 1767억 원에서 2021년 3조 7045억 원으로 급증하며 대기업들과 나란히 하는 경제 규모를 보여줬다. 놀라운 것은 사원 수는 361명밖에 안 된다는 것이다. 1000명도 안 되는 인원으로 수조 원대 매출을 낼 수 있는 것이 플랫폼이기에 투자자들이 사랑할 수밖에 없는 것이다.[13]

빅테크의 금융업 도전

현재 대한민국 빅테크 기업들은 금융업에 도전하고 있다. 우리나라가 이렇게 도전한다는 사실만으로도 가치평가가 꽤 높은 편이다. 그동안 우리나라 은행은 규모가 크고 인건비가 많이 들어서 실제 이익이 별로 나지 않기 때문에 투자자에게 별 흥미를 끌지 못했다. 요즘 들어서는 금융 부채가

	빅테크 (네이버 및 카카오)	금융지주 및 은행
PER	82.7배	3.9배
시총	92.30 조원	54.04 조원

빅테크와 국내금융지주 시총 및 PER 비교[14]

많아서 그나마 이익이 크게 나지만, 플랫폼 기업이 여기에 도전하면 훨씬 큰 이익을 볼 수 있을 것이다.

그래서 빅테크 기업이 금융업을 하겠다고 선언한 것만으로도 92조 가치평가를 받았다. 금융지주는 다섯 개 기업을 모두 합쳐도 54조밖에 안 되는 것에 비하면, 아직 제대로 시작도 안 했는데도 높은 평가를 받았다.

토스는 금융을 혁신한다는 명분으로 탄생한 스타트업이다. 국내 금융 앱 중 MAU(월간활동이용자수)가 1000만을 넘는 건 KB 스타뱅킹 한 곳으로, 1100만 수준인데, 토스의 MAU는 1400만을 넘었다. 이러한 가치를 인정받아 토스는 영업손실을 내고 있음에도 불구하고, 비상장 시장에서 거래기준 시가총액 12조 5000억 원의 가치를 인정받고 있다. 토스의 PSR(주가매출비율)은 16.16배이며, 카카오페이나 카카오뱅크 같은 빅테크 기반 금융 기업 역시 각각 44.11배, 24.22배의 높은 가치평가를 인정받고 있다.[15]

미국에서도 현재 워런 버핏이 미국 시중 은행주를 손절매하는 중이라고 한다. 은행에 미래가 없다고 보는 것이다. 은행들의 가치 대비 퍼PER가 주가 대비 4배인데, 빅테크 기업이 훨씬 더 높게 평가받고 있다. 조직이 크지 않고 이익을 많이 내는 서비스를 투자자들은 좋아하는 법이다. 현재 카카오가 보험업에 진출하고, 네이버는 보험업에 간접 협력하기로 했다. 이들 두 기업은 사실 생각보다 아직 강하지 않다. 카카오와 네이버는 아직 절대 강자가 아니다. 하지만 이들 두 기업의 장점은 유연성이다. 스스로 부족한 점들을 개선하면서 끊임없이 발전하고 있다.

이중 카카오는 확실한 플랫폼 레버리지를 가지고 있다. 은행이 아무리 열심히 앱을 만들어도 카카오톡에서 바로 송금하는 편리성을 이길 수 없다. 그리고 네이버의 경우, 네이버 포털의 서비스를 연계하면서 아무래도 소비자 접점이 가까울 수밖에 없다. 이러한 장점 덕분에 네이버는 더욱 성장할 것으로 본다.

현재 플랫폼 기업에 대한 규제가 일어나고 있지만, 그와 같은 규제에도 불구하고 결국 플랫폼 기업은 활발하게 성장하는 방향으로 나아갈 것이다. 시대의 큰 흐름은 규제도 거스를 수 없기 때문이다.

실패하는 디지털 전환에는 이유가 있다

디지털 시장의 성장: 온라인 리테일 사례

기존 기업들이 디지털 전환에 실패하는 이유는 무엇일까? 여기서 역사적 교훈으로 들 수 있는 산업 사례가 리테일retail 산업일 것이다. 온라인 기업이 오프라인 기업을 가장 먼저 앞서게 된 대표적 산업이 리테일 산업이다.

시장점유율 상위 업체를 조사한 결과, 이베이, 네이버, 쿠팡 등 7개 업체가 2018년 기준 전체 거래액 중 약 63.7퍼센트를 차지하고 있다. 매년 15퍼센트 이상 계속 성장해서 이제는 오프라인 메이저 기업의 규모와 대등해진 상태인데, 전 세계적 추세에서 우리나라는 과점 구조가 가장 잘 되어 있는 편이다.

미국의 경우, 35퍼센트의 온라인 시장에서 아마존이 차지하는 비중이 32퍼센트가 넘는다. 일본의 경우도 일반 중소기업이 많이 있긴 하지만 현재 탑 3에서 탑 2 체제로 넘어가고 있으며, 인도 또한 탑 2 체제로 넘어가고 있다. 중국도 마찬가지로 탑 2 내지 탑 3 체제 정도다. 반면 우리나라는 정부가 규제한다고 하지만 이 정도면 모범적으로 분산되어 있는 편이다. 그래서 이 정도로 분산된 상황에서 다른 나라도 하지 않는 규제정책을 편다는 것은 납득이 되지 않는다.

아무튼 우리나라에서도 플랫폼 기업은 확실한 성장 추세다. 15년 전, 전체 매출 2조였을 때만 해도 오프라인 기업들이 코웃음을 쳤었는데 지금은 오프라인 메이저 기업들이 온라인 진출에 고전하는 중이다. 이미 대세는 온라인으로 넘어간 상태라 하겠다.

그래서 나는 다른 산업의 오프라인 기업들에게 늦기 전에 온라인 사업을 시작할 것을 조언한다. 그래야 후발주자들에게 따라잡히지 않고 리테일 산업과 같은 상황이 되지 않기 때문이다. 기업들이 사력을 다해 디지털 전환을 이루고 플랫폼 기업으로 넘어가려는 이유가 여기에 있다.

미래를 보지 못하는 기업들

현재 수많은 오프라인 기업이 디지털 전환을 시도하고 있지만, 그중 상당수가 실패할 것이다.

그 첫 번째 이유는 많은 기업이 과거에 머무르며 변화를 두려워하기 때문이다. 예전에 인터파크가 한창 성장할 때 나는 오프라인 기업들의 태도가 이해되지 않았었다. 왜 그들은 인터파크의 성장을 방관했던 걸까? 당시는 오프라인 기업들의 위세가 훨씬 대단했던 시절이라, 그때 그들이 조금만 신경 써서 온라인 사업에 진입했다면 금방 인터파크를 따라잡았을 텐데 말이다.

당시 내가 논문 자료로 삼기 위해 조사를 해보니 인터파크에 있는 동일 제품 가격이 오프라인에서 파는 물건보다 10퍼센트 이상 저렴했다. 이것을 오프라인 기업들이 그대로 방치했으니 인터파크의 성장은 당연한 귀결이었다. 그런데 대체 왜 그와 같은 상황을 그대로 둔 것일까?

그때 만약 오프라인 기업이 똑같은 제품을 10퍼센트 싼 가격에 팔았다면 아마 큰 소동이 벌어졌을 것이다. 하지만 온라인을 방관한 탓에 인터파크만 계속해서 파죽지세로 성장했다. 왜 그랬을까? 타성에 젖어 오프라인 중심으로 생각하니 온라인은 신경 쓰지 않은 것이다. 오직 오프라인 이익에만 몰두하느라, 온라인 시장에는 관심조차 갖지 않았다.

디지털 전환에 실패하는 두 번째 이유는 과거의 성공에 안주하기 때문이다. 예전에 한 기업의 히트 상품으로 피처폰이 있었다. 한때 엄청난 성공을 거둔 제품인데, 당시에도 앞으로의 대세는 스마트폰이 될 것이라는 분위기에서 그 기업은 피처폰의 성공에 안주하고 만다. 그래서 스마트폰 개발을 미루고 피처폰 생산에만 힘을 쏟더니 결국 영원히 스마트폰 시장에서 뒤처지게 되었다. 그때는 심지어 다른 스마트폰 회사들도 아이폰 출시만을 대책 없이 기다리기도 했다.

당시 아이팟으로 유명세를 타던 애플은 아이폰을 출시하면서 일약 스마트폰 시장의 강자로 부상했다. 그때까지 우리 기업들은 눈만 멀뚱거리며 아무것도 하지 못했다. 그러다가 아이폰 출시와 함께 삼성전자가 스마트폰 보고서를 내놓았고 6개월 만에 G폰을 만들어 아이폰을 따라잡게 된다. 그것이 현재 살아남은 기업과 도태된 기업의 차이다.

그리고 아이폰 출시 이후 유명한 일본 기업은 아이폰과

같은 수준의 제품을 생산하기는 했는데, 출시까지 걸린 시간이 3년이었다. 좋은 뜻으로 해석하면 일본인들이 상당히 공을 들여 제대로 된 제품을 만들었다고도 볼 수 있지만, 사실 이것은 현대에 맞는 제조 방식은 아니다. 아무리 제품이 좋아도 3년은 너무 늦은 시간이 아닌가.

디지털 전환에 실패하는 세 번째 이유는 디지털을 무시하는 기업 분위기다. 내가 아는 한 인터넷 기업 대표가 이런 이야기를 했다. 어느 통신사로 스카우트되어 좋은 조건으로 이직했던 직원이 다시 돌아왔기에 이유를 물었더니, 1년마다 임원이 바뀌는데 모두 인터넷이 무엇인지도 모르는 사람이더라는 것이다. 매년 그 임원에게 인터넷 기본부터 가르치려니 업무 자체에 회의감이 들더란다.

얼마 전까지 우리나라 기업들의 현실이 그랬는데, 아직도 놀라울 정도로 디지털에 둔감한 임원이 많다. 그리고 많은 기업이 정부의 보호, 허가제에 안주하고자 한다. 우리나라에는 의외로 허가제인 사업이 아주 많다. 이를 두고 포지티브 규제라고 하는데, 기존의 플레이어에게는 허가제가 유리한 측면이 있다. 허가제인 사업에는 새로운 기업들이 쉽게 못 들어오니 기존 기업들이 기존에 팔던 것을 그대로 팔고 이익만 내면 되는 것이다. 그렇게 기존의 것에 안주하니 경쟁력이 떨어질 수밖에 없다. 한국의 규제 방식을 네거티브 규제로 바꾸어야 하는 이유가 여기에 있다.

기존 기업들은 경쟁하지 않으니 발전이 없다. 우리나라 정책 자체가 디지털 전환과 맞지 않는 구조라는 것이 문제인데, 여기에 기업들이 쉽게 안주한 것이다.

대전환을 위한 성공 전략을 혁신하라

그렇다면 디지털 전환에 성공하려면 어떻게 해야 할까?

무엇보다 '소통'을 잘해야 한다. 우리가 무언가를 두려워하는 이유는 '변화 이후'를 모르기 때문이라는 이야기가 있다. 예를 들어 원시인이 불을 두려워하고 경외한 이유가 그 때문이다. 하지만 변화 이후 무엇이 있는지를 알게 되면 변화를 거부하는 막연한 두려움이 없어진다.

나는 학생들에게도 늘 말한다. 새로운 시장에 뛰어들고 새로운 직업을 찾는 게 두려운 이유 역시 변화 이후를 모르기 때문이라고. 그러나 실제로 알고 나면 막연한 두려움 대신 기대감이 타오를 것이다. 기업 입장에서도 마찬가지다.

디지털 전환의 두 번째 성공 요인은 '무조건 해야 한다'

는 것이다. 그동안 제조업 대기업들은 과거의 실패 경험으로 플랫폼 사업을 하지 않으려고 했다. 그런데 최근에는 최고경영자들의 인식이 많이 달라진 것을 느낀다. 만나는 사람마다 '이제 하지 않으면 진짜 끝'이라고들 이야기한다. 무조건 디지털 전환을 해야 한다는 것으로 생각이 바뀌었다. 최고경영자들의 강한 결단, 이것이 요즘 디지털 전환이 부상한 이유라고 생각한다.

디지털 전환의 세 번째 성공 요인은 '새로운 구조'다. 변화에 맞춘 새로운 구조, 거버넌스 구조의 혁신이 있어야 한다. 네이버와 카카오는 기존의 기업과 전혀 다른 거버넌스 구조로 되어 있다.

또한 내부 구조의 혁신성이 있어야 한다. 내부 책임자가 무한 책임을 지는 대신 성공 성과를 공유하는 시스템이어야 한다. 우리나라 기업이 인터넷 기업으로 분사해서 상장될 시 내부 책임자들의 기본 보상은 수백억 원 단위에서 시작된다. 보상 체계를 확실히 마련하는 기업이 성공한다는 것이다. 그래서 기존 기업들이 사내 사업부를 만들기 시작했는데, 디지털 전환을 위해서는 이런 구조가 반드시 필요하다. 예컨대 MBC 사내벤처, LG전자의 LGE어드벤처 사례처럼 내부 사업을 발굴해 이것을 분사시키는 기획 등이 성공하는 구조적 변화가 꼭 필요하다. 기존 조직의 신사업부의 리더, 직원들이 몇 달 치 보너스 정도를 보고, 얼마나 혼신의 힘을 다해 일할 것이라고 기대하는가?

결국 10년 후에도 살아남는 기업이 되기 위해서는 확실한 비대면 개방 혁신이 필요하다. 비대면 방식에서도 대면 방식에 못지않은 정보 커뮤니케이션의 효율성이 있어야 하고, 구세대들도 비대면 방식에 스스로 몸을 맞춰야 한다. 왜 꼭 만나야만 신뢰가 형성되는가? 낡은 소통방식과 결별하고 새로운 소통방식과 기껍게 포옹할 필요가 있다. 메타버스 트렌드에 가볍게 올라타는 유연한 사고는 기본일 것이다.

그리고 온라인 플랫폼 개방 혁신을 해야 한다. 플랫폼 기업 간, 플랫폼 기업과 애플리케이션 기업 간의 협업 활성화를 위해 서로가 공유하는 체제를 만들어야 한다. 앞서 언급했듯 애플 앱스토어는 플랫폼을 개방하면서 그 조건으로 아주 단순하게 30퍼센트 수수료를 내세웠다. 이는 성공에 대한 이익을 공유하겠다는 것이다. 애플이 아무리 큰 기업이라고 해도 개발자를 1만 명, 2만 명을 둘 수는 없다. 그런데 애플은 스티브 잡스가 앱스토어를 만듦으로써 세계 수백만 명의 개발자를 고용한 것과 같은 효과를 냈다. 앱을 팔면 30퍼센트 수수료만 받고 이익을 전부 준다고 하니 전 세계 개발자들이 시간을 내서 앱을 만든 것이다.

전 세계 1위 B2B CRM 사스SaaS 기업인 세일즈포스Salesforce 역시 온라인 플랫폼 개방 혁신으로 그 자리에 이를 수 있었다. 2005년 세일즈포스는 모든 개발자가 세일즈포스 응용 프로그램을 만들어 배포하고 수익을 얻을 수 있는 앱익스체인지AppExchange를 오픈했다. 이것은 온라인 마켓 플레이스이며, 수십억 달러에 이르는 매출이 여기서 발생하고 있다. 앱익스체인지의 존재로 인해 세일즈포스는 명실상부한 1위의 자리를 지킬 수 있었다. 세일즈포스의 CEO 마크 베니오프는 스티브 잡스와 친한 사이였는데, 잡스에게서 플랫폼 개방 혁신을 하라는 얘기를 듣고 이를 구축했다고 한다.[16]

애플의 앱스토어에 나온 앱이 수백만 개에 이르고 있다. 어떤 한 기업이 수백만 개의 앱을 만들 수 있겠는가. 그런데 애플은 회사의 내부 자원이나 인력만을 활용하지 않고 이런 오픈 이노베이션을 성공적으로 실현했다. 플랫폼 오픈 이노베이션은 API 사용을 중심으로 설계된 일련의 비즈니스 모델 및 관행을 개방하는 것이다.

우리나라는 공유 데이터에 대한 마이데이터 사업을 추진하고 있는데, 그 진전이 매우 더딘 상황이다. 좀 더 진취적인 안목으로 데이터 문제를 바라볼 수 있으면 좋겠다. 그렇게 되면 데이터도 개방형 혁신 체제가 나올 수 있을 것이다.

양손잡이 조직, 안정성과 새로움의 공존

이제 새로운 거버넌스 구조에 대해 이야기해보겠다. 성공한 인터넷 기업의 구조는 경영적으로 양손잡이 조직이다. 한 손은 기존 사업 중심으로 안정성을 추구하면서 또 다른 한 손으로는 혁신적인 새로움을 추구하는 조직 말이다.

과거에는 기업이 신사업을 한다면서 신사업 부서를 많이 만들었는데 불행히도 그 부서들은 대부분 실패했다. 그 이유가 뭘까? 성과를 견제하기 위해 기존 사업부가 비협조적이었기 때문이다. 같은 회사라고 하나의 팀이 되지는 않는다. 기존 사업부는 자기 사업을 보호하기 위해 절대 남의 부서를 도와주지 않는다. 기존 사업의 성과 보상에 한계가 있기 때문이다. 따라서 유한limited 책임에 유한 노력만 하게 된다. 그래서 CICCompany in Company 구조의 분사 구조가 나오게 된 것이다. 이것은 성과가 발생하면 인센티브를 부여해 무한 노력을 유도하는 시스템이다.

성과를 공유하는 분사 구조에서는 CEO가 수백억까지도 벌 수 있다. 예를 들어 네이버는 웬만한 사업은 분사하는 것을 목표로 하고 있다. 리더 사업부 조직을 만들어 성공 시 리더를 책임 리더로 키우고, 규모가 커지고 더 성공하면 분사하는 구조다. 현재 네이버 웹툰이 분사에 성공했고, 조금 결이 다르지만 네이버 파이낸스도 분사 구조다. 그럼 네이버에는 이러한 리더가 몇 명이나 있을까? 200명이 넘는다. 200명이 온 힘을 다해 사업부를 만들어 일하고 있으니 그중 몇 개만 성공해도 엄청난 실적이 발생한다. 기존 기업의 '유한 책임 유한 노력'과는 현격한 차이가 날 수밖에 없다.

반면 카카오는 외부에서 만들어서 내부에 붙이는 구조다. 이 시스템은 비판도 받고 있지만, 현재 무한 책임을 지는 CEO가 104명이나 있다. 카카오 입장에서는 그중 몇 명만 성공해도 괜찮은 것이다. 이렇듯 성과가 공유되는 구조라야 유능한 사람들이 죽을힘을 다해 일하게 되고 성공을 기약할 수 있다.

최근 LG전자는 임직원에게서 250개 아이디어를 받아서, 그중 '맞춤형 라이프케어 코칭 서비스'와 '온라인 피트니스 건강관리'라는 두 개 사업을 선정해서 지원하기로 했다. 이 두 개 사업에 장소, 엑셀러레이터 등 창업 지원을 하면서 네이버나 카카오 같은 분사를 약속한 것으로 알고 있다. 다른 많은 기존 기업들도 모두 이와 같은 분사 시스템에 관심을 갖기 시작했다. 해야 할 일이라면 늦더라도 꼭 시작하는 것이 중요하다.

플랫폼 모듈형 서비스, 빠르고 새롭게 만들어내는 고객 경험

10년 후 살아남는 기업이 되기 위해 내가 제안하는 것은 '플랫폼 모듈형 서비스'다. 이것은 하드웨어를 기반으로 하는 통합 데이터베이스, 전형적인 IT 시스템이다. ERP 시스템을 깔고 정보, 데이터가 통합된 상태에서 사업 기반까지는 플랫폼을 만들어두고 그 위에 서비스를 하나하나 모듈 형태로 올리는 것이다.

플랫폼 모듈형 서비스는 독립된 양손잡이 조직이기에,

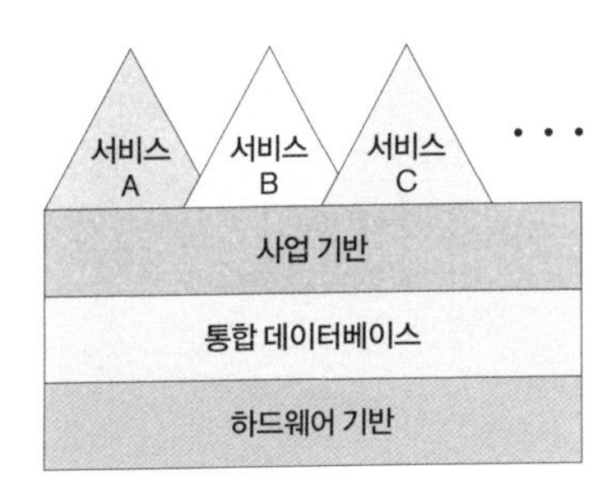

플랫폼 모듈형 서비스[17]

여기서는 서비스 1, 2, 3이 아니라 서비스 1, 1, 1이 된다. 그리고 60~70퍼센트의 완성도로 빠른 시장 출시 후 고객의 반응에 따라 사업 지속 여부를 결정한다.

실패하는 것은 피해를 최소화하도록 바로 거두어버리고 성공하는 것은 전적으로 밀어주어 이익을 최대화하는 것이다. 아마존 AWSAmazon Web Services가 이렇게 해서 나왔다. 아마존은 지금도 상당한 손실에도 불구하고 다양한 사업을 끊임없이 확장하고 있다. 당장의 이익보다 미래 가치에 투자하는 것이다.

30년 세계 기업의 시가총액을 보면 일본의 변화가 눈에 띈다. 1990년대 하드웨어 시대만 해도 일본은 세계무대를 주름잡았지만, 2000년대 소프트웨어 시대가 오면서 그 위

순위	1989년	2018년
1위	NTT(일본, 1638억 달러)	애플(미국, 9269억 달러)
2위	일본흥업은행(일본, 715억 달러)	아마존(미국, 7778억 달러)
3위	스미토모 은행(일본, 695억 달러)	알파벳(구글)(미국, 7664억 달러)
4위	후지은행(일본, 670억 달러)	마이크로소프트(미국, 7506억 달러)
5위	다이이치칸교은행(일본, 661억 달러)	페이스북(미국, 5415억 달러)
6위	IBM (미국, 646억 달러)	알리바바(중국, 4994억 달러)
7위	미쓰비시은행(일본, 592억 달러)	버크셔헤서웨이(미국,4919억 달러)
8위	엑손(미국, 549억 달러)	텐센트(중국, 4913억 달러)
9위	도쿄전력(일본, 544억 달러)	JP모건(미국, 3877억 달러)
10위	로열더치셸(영국, 543억 달러)	엑손모빌(미국, 3441억 달러)
11위	도요타자동차(일본, 541억 달러)	존슨앤드존스(미국, 3413억 달러)
12위	GE(미국, 493억 달러)	삼성전자(한국, 3259억 달러)

30년간 글로벌 기업 시가총액 순위 변화[18]

상은 현격히 낮아졌다. 이제 애플과 아마존이 득세하는 플랫폼 시대가 되었다. 이러한 때 기업들이 변화하지 않으면 안 된다.

디지털 전환이란 일종의 옵션 같은 것이다. 샀다가 망하면 투자금을 조금 잃는 것으로 끝나지만 성공하면 엄청난 이익이 약속되는, 그와 같은 옵션 구조로 투자를 많이 하는 것, 이것이 디지털 전환이다. 여기서는 실패는 작고 성공은 크게 하므로 성공할 수밖에 없다. 제조업의 시대에서 소프트웨어의 시대로 넘어온 지도 오래다. 전자제조기업의 꿈, 애플, 구글, 페이스북의 꿈이 순서대로 지치지 않고 실현되고 있다.

마지막으로 스티브 잡스의 태도, 그가 제시한 새로운 고객의 취향에 대해 이야기하고 싶다. 이제 제품에선 효용가치가 중요한 게 아니다. 고객이 사랑하는 서비스를 만들어야 한다. 고객이 밤새워 줄을 서면서까지 갖고 싶은 최신 아이폰과 같은 상품을 만들어야 한다. 수많은 고객이 아이폰이 가져다주는 새로운 경험을 누구보다 빨리 얻고자 기꺼이 시간과 비용을 투자하지 않는가.

이제 우리 기업들도 디지털 전환을 해서 새로운 고객 가치를 선도할 수 있어야 한다. 디지털 전환의 핵심에는 잡스가 원했던, 새로운 고객 경험을 제공하는 고객 서비스가 있다. 다시 말해, 고객 경험을 향상시키는 서비스다.

Q 묻고

답하기 A

마이데이터를 활용하는 비즈니스 모델은 효과적일까?

현재 정부 주도의 마이데이터 사업이 시행되려면 가명 정보, 익명 정보가 필요하다. 가명 정보 시스템은 프라이버시는 보호하면서 데이터의 결합은 가능하게 만드는 것이다. 중간에서 누군가가 A 회사와 B 회사의 것을 결합할 수 있다는 이상적인 발상에서 만들어진 것이다. 그런데 누가 그 결합을 할 수 있겠는가? 결합하는 제3자로서의 업체를 정하긴 했지만, 그 활용을 위한 진행 상황은 아직

미미한 상황이다.

마이데이터가 안 되는 또 하나의 이유는, 데이터의 공유 폼에 대해 거래를 위한 제도가 제정된 것이 없기 때문이다.

그리고 기업들끼리 데이터를 어디까지 내놓을지에 대한 타협이 마련되기도 힘들다. 오픈 마켓 기업은 거래 데이터를 어디까지 내놓을지, 금융 기업은 어디까지 데이터를 공유할지 타협이 되지 않고 있다. 가장 중요한 데이터는 공유하려 하지 않으면서 상대 기업의 데이터만을 요구하고 있다.

그래서 나는 기업들에 조언하기를, 정부 주도의 데이터 사업 시행은 당분간 요원할 것 같으니 기업 간의 전략적 제휴를 통해 어떻게든 데이터 공유를 먼저 해보라고 한다.

지금 신한은행이 배달 사업을 하고 있고, 국민은행도 이커머스 사업을 시작한다. 나는 은행들에게 적극적인 사업 확장을 권유한다. '통합'을 연습해야 하기 때문이다. 돈을 100억 원 날리더라도 데이터 통합을 해봐야 한다. 그래야 진짜 마이

데이터 시대가 도래했을 때 자신 있게 통합을 통한 의사결정을 할 수 있다. 그렇게 경험을 축적하면 어느 순간 천억, 조 단위의 사업도 너끈히 할 수 있다.

미국의 뉴브랜다이스 운동New Brandeis Movement 같은 빅테크 기업 규제를 어떻게 봐야 할까?

데이터 독점 문제가 상당히 중요하고 심각한 이슈인 것은 맞다. 아마존의 제프 베이조스나 구글의 순다 피차이는 데이터 욕심이 지나쳐서 탐욕스러워 보이기까지 하는데, 데이터의 생리라는 것이 그렇다. 데이터는 80퍼센트를 가지고 있을 때보다 90퍼센트를 가지게 되면 10퍼센트의 가치가 커지는 게 아니라 두 배가 넘는 가치 차이가 발생한다. 그러니 데이터 욕심이 생기는 것이다.

그래서 규제의 목소리가 커지고 있는데, 다만

규제로 인해 혁신이 깨져서는 안 된다는 것이 나의 생각이다. 2021년 미국연방거래위원회 수장이 된 리나 칸Lina M. Khan 교수가 현재 독과점 폐해를 상당히 강력하게 주장하면서 규제 방안을 마련하고자 하는데, 이에 대해서 기업들은 좀 더 스마트한 대응을 해야 하지 않을까 싶다.

반면 우리나라는 미국이나 중국처럼 독과점이 심각하지 않다. 포털 마켓에서 네이버 점유율이 90퍼센트 이상 된다고 하지만 사실이 아니다. 현재 포털 검색 횟수로 보면 이미 유튜브 검색 횟수가 네이버를 넘어섰다.

우리나라 공정거래위원회가 데이터 독점을 성토하며 네이버나 카카오에 대한 규제정책을 논의하는데, 실상은 이들 기업의 성장만 방해할 뿐이다. 1000조 원을 넘어 2000조 규모에 육박하는 기업인 애플이나 아마존에 비하면 30조 정도의 기업인 네이버나 카카오의 독점을 규제하는 것은 어불성설이 아닐 수 없다. 왜 우리나라 기업의 세계적 성장을 우리 스스로가 발목 잡는가.

2부

비즈니스의 판도를

바꾸는

디지털 혁신

디지털 전환의 핵심은 온·오프라인 통합을 시너지 100퍼센트로 구조화하는 것이다. 이제 고객의 라이프 사이클에 완전히 스며드는 기업만이 살아남을 수 있다. 따라서 오프라인 점포는 고객 경험과 고부가가치 서비스 제공을 위한 공간으로 재탄생해야 한다.

온라인과 오프라인의 '따로 또 같이'

오프라인 점포가 사라진다

비즈니스의 미래, 가장 큰 변화는 오프라인 조직이 온라인화되는 것이다. 그렇다고 오프라인이 완전히 없어지거나 그 중요성이 사라지는 것은 아니다. 그렇다면 기업이 온라인 중심으로 전환될 때 현재 상태의 오프라인 조직을 어떻게 활용할 것인가 하는 문제가 발생한다. 여기서 이른바 옴니채널omnichannel 개념이 등장한다. 옴니채널이란 소비자가 오프라인, 온라인, 모바일 등의 여러 경로를 통해 상품을 검색하고 구매할 수 있도록 하는 서비스다. 그럼 어떻게 소비자는 다양한 유통 경로를 편리하게 이용할 수 있을까?

현재 오프라인 점포들의 폐쇄는 날로 가속화되고 있다.

2021년 3월 이후 우리나라 5대 시중은행이 폐쇄 예고한 점포 수가 이미 64곳이고, 이 수치는 계속 늘어날 것이다. 그런데 우리나라에는 시중 은행들이 오프라인 점포를 마음대로 줄이지 못하도록 규제하는 법령이 있다. 도시 같은 경우에는 일정 정도의 근접 거리 안에 5대 시중 은행이 반드시 있어야 한다. 그래서 생각보다 쉽게 점포를 없앨 수 없는데, 그 규제 안에서도 가급적 수를 줄이고 있다.

그럼 오프라인 점포를 굳이 폐쇄하는 주요 원인은 무엇일까? 일단 활용도가 떨어지기 때문이다. 나 같은 구세대도 복잡한 거래가 아니면 은행에 가는 대신 온라인으로 모든 것을 처리한다. 하물며 지금까지와는 달리 밀레니얼 세대는 오히려 비대면을 선호한다.

밀레니얼 세대는 폰포비아phonephobia, 콜포비아callphobia 등으로도 불리며, 통화조차 하기 싫어서 "문자로 주세요"라고 한다. 나만 해도 문자보다는 말이 편한데, 요즘 세대는 말보다 문자를 더 좋아한다. 이런 세대가 오프라인 점포를 이용하겠는가?

지금은 온라인 뱅킹의 이용 범위도 점점 넓어지는 등 활용도가 커지고 있다. 게다가 코로나 시국을 맞아 오프라인 점포는 더더욱 방문하지 않는 추세다. 그렇다 보니 오프라인 점포 운영 고정비로 인해 은행의 재무 실적은 날로 악화되고 있다. 어느 은행의 사례를 보니, 1년 동안 방문 횟수가 제로인 고객을 제외하고 이익을 계산해봤더니 적자인 지점이 많더란다. 온라인 뱅킹만 이용하는 고객이 갈수록 늘어가는 것이다.

오프라인 점포 폐쇄는 당분간 지속될 것이다. 얼마 전에 은행들이 파업했을 때도 사람들의 반응이 별로 없었는데, 이는 오프라인 점포의 존재 자체가 관심 밖의 사안이 되었다는 방증이다.

하지만 오프라인 점포의 상징성을 고려한 미래형 점포 전략은 필요하다. 사실상 이에 대한 고민은 산업 전반에 걸친 것으로, 예를 들어 삼성 디지털플라자라든지 LG 베스트샵 같은 전자제품 점포들도 매장의 콘셉트를 바꾸기 위해 노력하고 있다. 이제 점포 자체를 없앨 수 없는 매장들은 오프라인 판매를 넘어서는 발상의 전환을 꾀하지 않으면 안 된다.

이와 같은 상황에서, 게다가 코로나 와중에도 오프라인 매장을 확대하는 기업이 있으니, 애플이 그 주인공이다. 애플의 오프라인 매장인 애플스토어는 단순히 제품만 판매하는 곳이 아니라 사용자 경험을 공유하는 복합 공간이다.

뉴욕에 있는 애플 매장을 직접 가본 적이 있는데, 애플스토어는 물건을 파는 것보다 오프라인에서 물건을 경험하게 하는 것이 주된 목적이다. 매장에서 물건을 살 때도 실제 주문은 인터넷으로 하는 것이라서 온라인 구입과 다를 게 없다. 단지 매장에 재고가 있으면 현장에서 가져올 수 있을 뿐이다.

사실 파는 것이 목적은 아니라고 했지만, 매출 효과도 높았다. 제품을 직접 경험하고 상담해서 구매할 수 있으며 픽업, 수리 등 오프라인에서 하는 것이 편한 것들을 해결할 수 있기 때문이다. 게다가 애플은 오프라인 공간에서 무료 교육도 해준다.

애플은 사진·영상·코딩·음악·디자인·제품 교육 등 무료 아카데미 프로그램인 '투데이 앳 애플Today at apple'을 개최하고 있다. 삼성전자도 이 프로그램을 들여와서 제품 경험이 가능한 오프라인 공간을 마련하기도 했다.

그리고 애플 직원Genius이 기기에 대한 맞춤 조언이나 기술적 지원을 제공하는 '지니어스 바Genius Bar'를 운영한다. 이때 지니어스는 단순 판매직원이 아니라 고객과 경험과 감정을 공유하는 친구 같은 존재다. 사람에 따라서는 '너무 격이 없는 거 아니야?'라는 생각이 들 정도로 친근하게 대해준다. 그래서 지니어스 없는 애플스토어는 속 빈 강정이라는 평까지 있을 정도다. 이러한 애플의 노력이 애플의 기업문화 확산에 크게 기여하고 있다.

애플스토어가 주는 여섯 가지 교훈을 살펴보자.

첫 번째는 브랜드 통합이다. 브랜드 개념이 온·오프라인을 결합했다는 것. 고객 중심적이며, 효율적이고 직관적인 애플스토어는 신뢰받는 브랜드를 오프라인으로 확장했다. 오프라인 매장 따로, 온라인 매장 따로가 아니라 브랜드 경험은 통합해서 연장되어야 한다는 것이다.

두 번째는 마찰 없는 커머스 제공이다. 말 그대로 직접 연결되어 아주 자연스럽게 온라인과 오프라인이 연결되고, 바로 앞에서 시연해주고, 바로 경험을 하거나 살 수 있게 해주니, 그야말로 마찰이 없다는 것이다. 2007년에 아이폰이 발매될 당시 직원들은 고객 바로 옆에서 재고 확인, 결제, 영수증 출력 등을 도와주며 혁명적인 경험을 제공했다.

세 번째는 거래가 아닌 경험에 집중하라는 것이다. 매출을 강조하지 않아야 매출이 오르는 법이다. 잡스의 말대로 '팔지 않고 경험하게 해주는 것'이라면, 소비자는 오픈런을 해서라도 사고 싶어진다. 보통 매장을 판매 공간으로 보지만, 애플은 매장을 탐색과 휴식의 공간, 제품을 경험하면서 애플 브랜드에 몰입하는 기회 제공의 장으로 만들었다.

네 번째는 신뢰가 중요하다는 것이다. 브랜드를 신뢰할수록 소비자는 해당 브랜드에서 더 많이 구매하기 마련이다. 따라서 다양한 제품에 대한 전문적이며 친절한 직원을 배치해서 신뢰를 구축해야 한다. 애플의 지니어스야말로 신뢰의 전도사 아니겠는가.

다섯 번째는 통합이다. 애플스토어는 처음부터 옴니채널을 인식하고, 온라인에서 한 지니어스 바 예약은 오프라인에서 변경이나 취소가 가능하도록 했으며 그 반대도 마찬가지다. 오프라인과 온라인의 장점이 결합하여 시너지 효과를 내도록 한 것이다.

여섯 번째는 데이터가 결과를 낳는다는 것이다. '단일 고객 관점'과 '단일 기업 관점'을 결합해 데이터를 활용하여 고객의 신뢰 및 충성도를 제고하고 판매를 증대해야 한다.

구글에게도 '오프라인 스토어'가 있다

확실히 오프라인을 경험한 사람이 온라인에서의 충성도가 높다고 한다. 아무리 온라인을 선호하는 사람도 오프라인 경험을 결합하면 온라인에서의 활동이 더욱 활발해진다.

그래서 2021년 여름, 구글은 뉴욕 맨해튼 첼시 마켓 인근에 최초의 오프라인 스토어를 오픈했다. 그에 앞서 시카고에서 한시적으로 운영했던 팝업 스토어도 있었는데, 맨해튼의 스토어는 이보다 훨씬 더 근사하다.

역시 오프라인 스토어의 목적은 '경험'이다. 구글스토어 오픈 배경에 대해 구글은 "코로나19로 쇼핑 방식이 바뀌었음에도 고객은 여전히 기기를 만지고 경험한 후 구매하길 원한다"라고 설명했다. 경험을 가지고 구매할 수 있도록 경험할 기회를 주는 것이 구글스토어다.

구글의 오프라인 스토어에서는 스마트폰 '픽셀폰', 노트북 '픽셀북', 웨어러블 기기 '핏비트', AI 스마트 스피커 등 다양한 기기를 시연할 수 있으며, 판매 및 수리가 가능하다고 한다. 구글은 경쟁사인 애플의 성공을 벤치마킹한 것이다.[21]

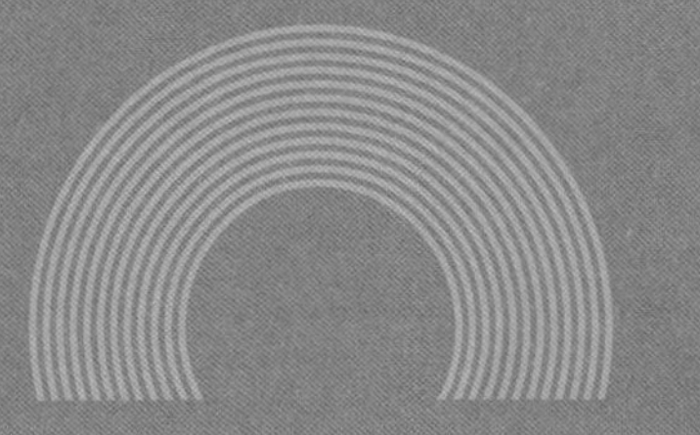

사유의 새로운 지평

Philos 시리즈

인문·사회·과학 분야 석학의 문제의식을 담아낸 역작들

앎과 지혜를 사랑하는 사람들을 위한 우리 시대의 지적 유산

arte

Philos 001-003

경이로운 철학의 역사 1-3

움베르토 에코·리카르도 페드리가 편저 | 윤병언 옮김

문화사로 엮은 철학적 사유의 계보

움베르토 에코가 기획 편저한 서양 지성사 프로젝트
당대의 문화를 통해 '철학의 길'을 잇는 인문학 대장정

165*240mm | 각 904쪽, 896쪽, 1,096쪽 | 각 98,000원

Philos 004

신화의 힘

조셉 캠벨·빌 모이어스 지음 | 이윤기 옮김

왜 신화를 읽어야 하는가

우리 시대 최고의 신화 해설자 조셉 캠벨과
인터뷰 전문 기자 빌 모이어스의 지적 대담

163*223mm | 416쪽 | 32,000원

Philos 005

장인: 현대문명이 잃어버린 생각하는 손

리처드 세넷 지음 | 김홍식 옮김

"만드는 일이 곧 생각의 과정이다"

그리스의 도공부터 디지털 시대 리눅스 프로그래머까지
세계적 석학 리처드 세넷의 '신(新) 장인론'

152*225mm | 496쪽 | 32,000원

Philos 006

레오나르도 다빈치: 인간 역사의 가장 위대한 상상력과 창의력

월터 아이작슨 지음 | 신봉아 옮김

"다빈치는 스티브 잡스의 심장이었다!"

7,200페이지 다빈치 노트에 담긴 창의력 비밀
혁신가들의 영원한 교과서, 다빈치의 상상력을 파헤치다

160*230mm | 720쪽 | 68,000원

Philos 007

제프리 삭스 지리 기술 제도: 7번의 세계화로 본 인류의 미래

제프리 삭스 지음 | 이종인 옮김

지리, 기술, 제도로 예측하는 연결된 미래

문명 탄생 이전부터 교류해 온 인류의 70,000년 역사를 통해
상식을 뒤바꾸는 협력의 시대를 구상하다

152*223mm | 400쪽 | 38,000원

Philos 근간

*** **뉴딜과 신자유주의**(가제)

신자유주의가 어떻게 거의 반세기 동안
미국 정치를 지배하게 되었는지에 대한 가장 포괄적인 설명

게리 거스틀 지음 | 홍기빈 옮김 | 2024년 5월 출간 예정

*** **크랙업 캐피털리즘**(가제)

재러드 다이아몬드 『총, 균, 쇠』의 역사 접근 방식을
자본주의 역사에 대입해 설명한 타이틀

퀸 슬로보디언 지음 | 김승우 옮김 | 2024년 6월 출간 예정

*** **애프터 더 미라클**(가제)

40년 만에 재조명되는 헬렌 켈러의 일대기
인종, 젠더, 장애… 불평등과 싸운 사회운동가의 삶

맥스 월리스 지음 | 장상미 옮김 | 2024년 6월 출간 예정

*** **플러시**(가제)

뜻밖의 보물, 똥에 대한 놀라운 과학
분변이 가진 가능성에 대한 놀랍고, 재치 있고, 반짝이는 탐험!

브리 넬슨 지음 | 고현석 옮김 | 2024년 6월 출간 예정

*** **알파벳의 탄생**(가제)

인류 역사상 가장 중요한 발명품, 알파벳에 담긴
지식, 문화, 미술, 타이포그래피의 2500년 역사

조해나 드러커 지음 | 최성민 옮김 | 2024년 7월 출간 예정

*** **전쟁의 문화**(가제)

퓰리처상 수상 역사학자의 현대 전쟁의 역학과 병리학에 대한
획기적인 비교연구

존 다우어 지음 | 최파일 옮김 | 2024년 8월 출간 예정

*** **종교는 어떻게 진화하는가**(가제)

종교의 본질, 영장류와 인간의 유대감 메커니즘에 관한
학제 간 연구

로빈 던바 지음 | 구형찬 옮김 | 2024년 10월 출간 예정

Philos 018

느낌의 발견: 의식을 만들어 내는 몸과 정서

안토니오 다마지오 지음 | 고현석 옮김 | 박한선 감수·해제

느낌과 정서에서 찾는 의식과 자아의 기원

'다마지오 3부작' 중 두 번째 책이자 느낌-의식 연구에
혁명적 진보를 가져온 뇌과학의 고전

135*218mm | 544쪽 | 38,000원

Philos 019

현대사상 입문: 데리다, 들뢰즈, 푸코에서 메이야수, 하먼, 라뤼엘까지 인생을 바꾸는 철학

지바 마사야 지음 | 김상운 옮김

인생의 '다양성'을 지키기 위한 현대사상의 진수

이해하기 쉽고, 삶에 적용할 수 있으며,
무엇보다도 마음을 위로하고 격려하는 궁극의 철학 입문서

132*204mm | 264쪽 | 24,000원

Philos 020

자유시장: 키케로에서 프리드먼까지, 세계를 지배한 2000년 경제사상사

제이컵 솔 지음 | 홍기빈 옮김

당신이 몰랐던, 자유시장과 국부론의 새로운 기원과 미래

'애덤 스미스 신화'에 대한 파격적인 재해석

132*204mm | 440쪽 | 34,000원

Philos 021

지식의 기초: 수와 인류의 3000년 과학철학사

데이비드 니런버그·리카도 L. 니런버그 지음 | 이승희 옮김 | 김민형 추천·해제

서양 사상의 초석, 수의 철학사를 탐구하다

'셀 수 없는' 세계와 '셀 수 있는' 세계의 두 문화,
인문학, 자연과학을 넘나드는 심오하고 매혹적인 삶의 지식사

132*204mm | 626쪽 | 38,000원

Philos 022

센티언스: 의식의 발명

니컬러스 험프리 지음 | 박한선 옮김

따뜻한 피를 가진 것만이 지각한다

지각 동물, '센티언트(Sentients)'의 기원을 찾아가는
치밀하고 대담한 탐구 여정

135*218mm | 340쪽 | 30,000원

미래형 점포 모델로 경쟁력을 만들어라

경험의 장으로서의 오프라인

나이키도 온라인의 체험, 경험 공간으로서의 오프라인 매장을 개장했다. 2020년 미국 최대 온라인 결제 서비스 업체인 페이팔Paypal의 이사회 의장 존 도나호John Donahoe가 나이키의 새로운 CEO로 취임하면서 '디지털 혁신'이 가시화된 것이다.

IT 전문가인 존 도나호의 취임은 디지털 혁신을 추구하는 나이키의 의지를 드러내는 것으로, 나이키는 디지털을 고객의 경험을 전환, 개선할 기회로 생각했다. 그리하여 오프라인 매장은 '고객 체험 공간'으로 변화시키고, 온라인 앱과 홈페이지를 통한 판매 활성화를 꾀하기에 이른다.

현재 나이키는 단순한 판매 목적의 매장인 백화점이나 아울렛 입점 매장을 줄이고, 온라인 직접 판매 및 픽업 서비스를 확대하고 있다. 또한 유통 채널을 온라인 앱과 홈페이지로 단순화함으로써 고객 데이터를 적극적으로 확보하는 중이다. 그리고 그렇게 확보된 데이터 활용을 위해 데이터통합 플랫폼 스타트업인 데이터로그Datalogue와 조디악Zodiac 등 다수의 데이터 분석 기업을 인수하기도 했다.

결과적으로 나이키 매장을 직접 방문한 회원은 내점 경험이 없는 회원보다 온라인 스토어에서의 쇼핑이 30퍼센트 이상 늘었다고 한다. 오프라인에서의 경험이 온라인 충성도를 높여주는 것이다. 즉 오프라인에서는 경험이 곧 매출이 되는 것이고, 실제 매출은 온라인에서 발생하는 것이다.

소비자들은 온라인 채널뿐만 아니라 오프라인 채널도 중요하다고 인식한다. 그래서 온라인으로 검색 후 지점에서 구매하거나 지점에서 검색 후 온라인으로 구매하는 옴니채널 선호 현상이 뚜렷해지고 있다. 결국 소비자들은 온라인과 오프라인 둘 다 가지고 싶어 한다.

구체적으로 소비자들이 오프라인 매장에 기대하는 바가 무엇인지를 조사한 기록도 있는데, '온라인상에서의 복잡한 거래를 해결하기 위해서' 등의 여러 이유가 있었다. 이와 같은 요구들이 만족되면 온라인과 오프라인은 시너지 효과를 내면서 고객 충성도가 올라가고 매출도 늘어난다. 물론 오프라인 매장이 많을 필요는 없다. 좋은 매장 몇 개를 상징적으로 가지고 있으면 이것들이 온라인과 효율적으로 결합되는 법이다.

현재 우리나라의 삼성 디지털프라자나 LG전자 베스트샵의 경우도 온라인과 경험을 결합하는 시스템으로 매장 구조가 바뀌고 있다. 애플이나 구글스토어에서 볼 수 있는 것들을 우리도 곧 LG전자나 삼성전자 매장에서 보게 될 것이다.

2019년 영국의 다국적 컨설팅 그룹인 딜로이트Deloitte가 개발한 회귀 모형에 따르면, 소비자들은 은행 이용에서 온라인이나 모바일 채널에 대한 만족도보다 지점과 고객 센터에 대한 만족도가 두 배 이상 높은 것으로 나타났다. 지점은 곧 신뢰의 상징으로 브랜드 이미지를 강화할 수 있다는 것이다.

고객들은 지점 방문을 위해서 시간과 노력을 들이기 때문에 오프라인에서의 경험은 그 인상이 오래간다. 그러니

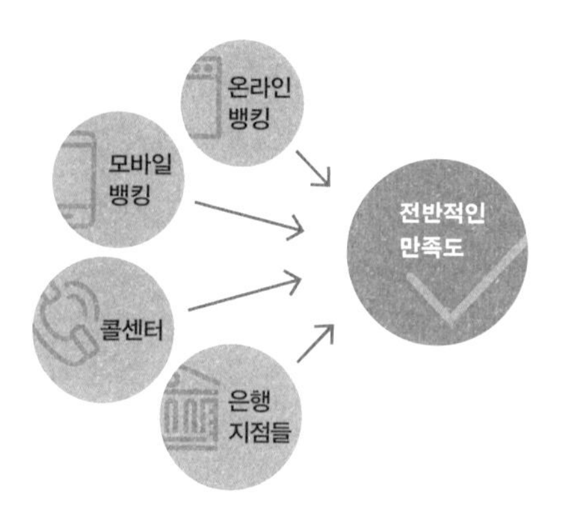

딜로이트가 조사한 소비자 만족도[19]

은행은 매장 수는 줄이더라도 은행 본연의 역할을 수행하는 데도 최선의 노력을 다해야 할 것이다.

신한은행은 3개 지점을 각각 비즈니스용, 학생용, 레지던스용으로 파일럿 테스트를 실시했다. 예를 들어 마포에 있는 매장과 광화문에 있는 매장, 또는 강남 고급 아파트 내에 있는 지점들에 각기 다른 성격을 부여한다는 것이다. 이러한 맞춤형 지점들로 오프라인에서 좋은 경험을 하게 되면 고객의 온라인 충성도 또한 높아지기 마련이다.

그렇게 높아진 고객 만족도는 로열티, 프로덕트 오너십product ownership을 가지게 되며, 지출점유율을 높인다. 주거래

은행에 만족하는 고객은 불만족하는 고객 대비 주거래은행을 덜 바꾸고, 주변에 추천하는 성향이 있다. 결국 신뢰가 평생고객을 만드는 것이다.

디지털과 연결하라

2021년 「세계소매금융보고서world retail banking report」가 은행 고객을 상대로 오프라인 은행 방문 이유를 설문조사한 적이 있다. 이때 방문 이유의 절반을 차지하는 것이 '디지털 채널에서 해결하지 못한 이슈 처리'였다. 그리고 39퍼센트의 응답을 얻은 것이 '대면 거래 선호'였다. 그밖에 '부가적인 가치를 갖는 서비스 이용을 위해서'라는 응답도 있었고, '디지털 채널 활용의 어려움 때문'이라는 응답도 있었다.

즉 오프라인 채널에서는 디지털 채널에서 해결하지 못하는 이슈를 처리할 수 있으며, 대면 거래를 선호하는 고객층 응대가 가능하기에 여전히 존재 가치가 있는 것이다.

그렇다면 미래 점포 전략은 어떻게 되어야 할까? 오프라인 점포는 고객 경험과 고부가가치 서비스 제공을 위한 공간으로 재탄생해야 한다. 여기서 등장하는 것이 5C 전략이다. 5C 전략에 대해 하나하나 살펴보자.

첫 번째는 연결connection이다. 디지털 채널과 동기화해서 디지털에 취약한 고객층에게 서비스 제공을 해야 한다는 것이다. 구세대는 생소한 것들을 잘 쓰지 않으니 처음에는 자세히 알려줘야 한다. 그리고 때로는 독립투자 자문업자 등의 프리랜서를 활용해서 방문 금융 서비스를 하면 오프라인의 장점을 살리면서 소위 말하는 아웃소싱을 할 수 있다. 또는 백화점 VIP 라운지 내 비상설 팝업 지점을 설치함으로써 서비스 접근성을 제고할 수 있다.

신한은행은 '신한 더드림 사랑방' 사업을 운영하는 등 자체 맞춤형 금융교육 콘텐츠를 개발하기도 했다. 노인복지관 정보화교실을 리모델링해서 인터넷 뱅킹 활용 교육을 진행하는 것이다. 국내에는 버스를 개조한 찾아가는 이동형 점포도 있다. 은행당 최소 2대부터 최대 8대까지 운영 중인 것으로 안다. 명절 또는 휴가철에 지방 고객을 대상으로 운영되며, 은행 지점 화재로 인한 임시 영업 등에도 활용된다.

HSBC(홍콩 상하이은행)는 백화점 같은 곳에 팝업 스토어를 열기도 한다. 자주 가는 백화점이나 아케이드에 이와 같은 팝업 스토어가 있으면 이용하기가 수월할 것이다. 그래서 앞으로는 오프라인 매장 규모를 줄이고, 고객이 따로 시간 내서 가지 않아도 되는 위치에서 서비스를 이용할 수 있도록 한다는 것이다.

HSBC는 2021년에 디지털 교육 프로그램인 'HSBC@Home'을 론칭했는데, 이는 디지털 서비스가 익숙하지 않은 고객을 위한 디지털 서비스 교육 프로그램이다. 영국에서는 전 지점 인력을 활용해서, 350명 이상의 교육 전문가를 양성했다. 온라인 교육으로 시작, 연내 지점에서 대면 세션을 제공할 계획이라고 한다.

HSBC는 팝업 지점을 계속 확대해서, 영국 내 82개 지점을 폐쇄하고 쇼핑센터 내 72개 팝업 지점을 오픈할 계획이다. 이로써 은행 입장에서는 고객의 접근성은 올리면서 인건비는 줄일 수 있게 된다.

현재 우리나라 은행도 지방에 있는 지점을 폐쇄하고 대신 편의점 팝업 스토어 형태로 지점을 운영하는 것을 고려하고 있다. 이용객은 날로 줄어드는데 지점 운영 비용은 고정비로 지출되니 이제 모든 은행이 새로운 모색을 할 수밖에 없는 기로에 선 것이다.

디지털 교육, 안내 및 고객 지원 제공은 온라인에서도

할 수 있으니, 이제 오프라인 매장은 철저히 경험의 장으로 바뀌게 될 것이다. 매출이 우선순위가 아닌, 경험 스토어가 되는 것이 맞을 것이다.

"햄버거를 사러 갔던 어머니가 울었다"

5C 전략의 두 번째는 편의성convenience 증진이다. 고객이 뱅킹 프로세스에서 경험하는 스트레스를 줄여주는 것이다. 언젠가 "햄버거를 사러 갔던 어머니가 울었다"라는 이야기가 회자된 적이 있었다. 키오스크 사용이 힘들어서 그랬다는 것이다. 사실 아직도 시니어, 노년층에게 기계 사용은 어려운 측면이 있다.

그래서 간단한 거래 업무는 ATM 등을 고도화시켜서 인터페이스를 좀 더 쉽게 만들어야 한다. 그리고 화상 컨퍼런스 기능을 탑재해 고객과 영상통화로 업무를 수행할 수 있는 VTMVideo Teller Machines을 통한 대기시간 축소도 가능해져야 한다. 싱가포르은행DBS의 경우, 빅데이터를 활용하여 ATM에 현금이 채워져야 할 순서를 파악하는 등 예측 분석 후 92퍼센트의 고객 불만 감소율을 기록하며 연간 80만 시간을 절약한다.

국내에서도 신한은행의 '디지택트 브랜치'나 우리은행의 '디지털 데스크,' KB국민은행의 '디지털 셀프점' 등 은행원 없는 화상창구 도입의 움직임이 활발하다. 점점 인건비가 올라가면서 많은 업무가 AI로 대체될 것이다. 리테일 부분에서는 AI의 비중이 상당히 커질 전망이다. 단지 지나친 무인화에 따른 디지털 소외 계층의 어려움을 축소하기 위한 지원 인력 배치가 필요하다.

요즘에는 65세 이상만 이용하는 오프라인 매장도 있다는데, 현재 50대까지는 디지털이 그렇게 어렵지 않으니, 디지털 소외 계층이란 것도 지금 시니어 정도의 문제가 아닐까 싶긴 하다.

싱가포르은행은 대면 지원과 컨설팅을 통해 디지털 뱅킹 서비스를 보완하는 '피지털phygital' 뱅킹 전략을 추진한다. 피지털이란 오프라인 공간에서 디지털의 편리함에 더해 물리적 경험을 확대하는 것을 뜻하는데, 필요한 모든 것을 조언해주고 도와준다는 것이다. 지점 내 셀프 키오스크와 함께 디지털 앰배서더digital ambassador를 배치함으로써, 인력적인 부분과 비인력적인 부분을 결합해서 최적의 서비스를 제공하겠다는 것이다.

은행들에 셀프 키오스크는 점점 더 늘어나고 있으며, 이로써 인건비를 절약하고 대기시간을 축소할 수 있다. 현재 코로나 시국이라 은행의 행원들 수가 줄어 있는데, 코로나 이후에도 줄어든 행원 수는 다시 회복되지 않고 아마도 셀프 키오스크가 많아질 것이다. 항공사들도 마찬가지로 공항에 셀프 키오스크를 대폭 늘렸다. 이제 모든 분야에서 디지털이 전체적인 흐름이 되어가는 것이다.

편의성 전략의 일환으로, 디지털 취약 계층의 워크숍 및 교육을 진행하고 개인화된 재무 계획을 컨설팅하는 것도 있는데, 여기에는 AI 자산관리 서비스 로보어드바이저robo-advisor를 이용할 수 있다. 로보어드바이저를 이용하면 누구나 연봉 1억 원 이상을 받는 최고수준 자산관리사의 조언을 받을 수 있다. 물론 아직 AI가 완벽하지 않은 상황에서 당분간 로봇은 인간과 협업해야 하지만, 차츰 그 역할이 막대해질 것이다.

편의점에서 은행 업무가 가능해진다?

5C 전략의 세 번째는 재무전문가connoisseur 역할이다. 이제 기업이 재무전문가로서 고객들에게 개인화된 고부가가치

서비스를 제공해야 한다는 것이다.

현재 미국에서 전자상거래의 오프라인 대비 시장점유율(전자상거래 침투율)이 높은 산업이 무엇일까? 디지털 산업이라 생각하기 쉬운데 정답은 여행업이다. 여행업의 전자상거래 시장 점유율이 제일 높다. 여행업이 이렇게 전자상거래 침투율이 높은 것은 사실 실제 여행 외에 여행업의 모든 것이 전부 디지털에서 가능하기 때문이다.

미국 여행사는 1980년대 초반 2만 개였던 것이 2019년에는 1만 2000개로 축소되었다. 이렇게 살아남은 여행사는 예약 플랫폼 활성화로 역할 변화를 꾀했다. 간단한 거래, 예약은 디지털 셀프 채널로 옮기고, 여행사는 예약 플랫폼이 하기 어려운 복잡한 업무만을 담당한다. 예컨대 크루즈 예약이라든지 그룹투어 등 고관여 상품만을 상담한다. 이에 따라 전체 여행사 수는 줄었어도 고객 1명당 평균 수익이 급증했다.

여행 산업이 겪은 이와 같은 진화를 은행업도 겪게 될 것이다. 미래형 점포는 바로 이러한 방식으로 갈 것이라는 기대가 된다. 은행 지점에서는 빅데이터, AI, AR/VR 기술 등을 활용해 개인화된 금융 서비스를 추천하게 될 것이다.

인간 투자자에게 조언하는 하이브리드 로보어드바이저의 활약이 머지않았다. 로보어드바이저 서비스 제공을 통해 지점 상담 고객에 대한 데이터 확보나 추천 로직의 고도화 또한 가능해질 것이다.

이와 같은 하이브리드 로보어드바이저와 독립투자자문사의 금융전문가를 활용함으로써, 이를 프랜차이즈 방식의 지점 운용과 결합하여 비용을 절감할 수 있다. 자격을 갖춘 편의점 주인이 은행 업무를 할 수 있게 되는 것 같은 변화도 일어날 수 있을 것이다.

또 다른 예를 살펴보자. 투자 상담을 요청하는 경우, AR 기기를 통해 고객의 투자 포트폴리오를 시각화하여 효과적인 오프라인 투자 상담을 제공하는 것이다. 상담의 핵심 자료가 가상기술AR/VR로 재구성되어 오프라인의 상담업무와 연계되는데, 상당히 설득력이 있는 장면이 아닐 수 없다.

예전에는 은행에서 보고서에 그림이나 도표를 잘 그려주는 정도였는데, 이제 그것이 삼차원으로 진화했다. 홀로그램 가상 협업 환경을 통해 은행에서도 상담 시 시각화 활용이 가능해졌다.

혼합현실 VR을 보면, 그래프가 입체로 등장해서 시각적으로 이해가 쉽다. '한마디 말로 천 냥 빚을 갚는다'는 속담이 있는데, 이제는 하나의 그래프가 한마디 말을 대신할 수 있을 것이다. 시각화가 정보 처리의 새로운 영역이 됨으로써, 천 줄의 말과 글보다 입체적인 비주얼이 도움이 된다는 것이다.

미국 금융기관 찰스 슈왑Charles Schwab은 현재 미국 리테일 브로커리지 시장(개인 고객 대상 위탁매매 중심의 증권업) 1위로, 온라인 증권사임에도 지점을 확대하는 중이다.

다양한 분야에서 온라인 기업들이 오프라인 기업들을 넘어서 마켓 점유율을 높여가고 있지만, 미국은 애초에 금융 분야에서만큼은 이를 용납하지 않았다. 그래서 금융 부문 1위는 늘 온라인 리테일 뱅크 몫이었는데, 찰스 슈왑 같은 기존 업체가 온라인으로 진출하면서 양상이 달라졌다. 찰스 슈왑은 기존 브랜드가 지닌 신뢰를 강조하면서 온라인 서비스를 함으로써 금융 부문 1위 자리를 탈환했다. 지금도 미국 금융 1위를 차지하는 업체는 오프라인 비즈니스가 온라인으로 넘어간 기업이다.

찰스 슈왑은 2021년 5월 현재 354개 프랜차이즈 지점을 갖는 등 상당한 성과를 내고 있다. 브랜드의 상품 서비스 기술을 활용한 프랜차이즈로 아웃소싱을 해서 인건비를 낮춘 것이다. 그리고 전문지식, 경력을 보유한 어드바이저와 프랜차이즈 파트너십을 맺는 멀티채널 전략으로 부유층 대상의 영업을 강화했다. 자산 관리 부문 중심으로 사업을 확대했으며, 핀테크 업체와의 차별화를 꾀했다.

사실 찰스 슈왑은 고가 브랜드다. 절대 싸지 않다. 고가의 서비스로 신뢰를 쌓고, 프랜차이즈 형태로 지점 운영 비용을 절감한다. 우리나라에도 곧 찰스 슈왑 프랜차이즈가 들어올 것이다.

영리하게도 찰스 슈왑은 고액 부유층이거나 고령인 금융투자자는 순수 RA보다 하이브리드 RA를 선호하는 점을 이해하고, 합리적인 보수율을 적용하여 온라인 하이브리드 RA 시장을 선점했다. 하지만 결국 목표는 중산층 대상의 서비스 확대다. 핀테크 AI 마켓의 핵심은 중산층 서비스로, 이를 오프라인과 결합하는 것이다. 과거 부유층에 국한되었던 오프라인 PB 서비스의 혜택이 로보어드바이저와 같은 AI를 통해 중산층으로까지 확대되는 것이다. 디지털 전환이 결합되는 것이 바로 이 지점이다.

고객의 니즈를 파고드는 서비스로 혁신하라

고객을 관리하는 금융 서비스

5C 전략의 네 번째는 컨시어지concierge, 일종의 관리인 역할이다. 금융 서비스를 뛰어넘어 고객의 라이프사이클에 맞춘 다양한 상품과 서비스를 제공하는 것이다. 금융기업들의 디지털 전환에 배달 서비스가 들어가는 것이 바로 이 전략 때문이다. 고객을 더 이해해야만 다양한 상품과 서비스를 제공할 수 있다. 따라서 이제 금융 서비스도 온·오프라인이 결합된 종합 서비스로 변모해야 한다.

현재 금융사들은 금융 서비스가 필요한 유망 초기 창업가나 스타트업에게 장소까지 지원하여 에코 시스템을 구축하기도 한다. 창업 지원까지 하겠다는 것인데, 창업 기업이 성공해서 유니콘이 되면 지원 은행이 주거래은행이 될 테니 매우 효율적인 시스템이다.

신한퓨처랩스는 스타트업 성장 지원 프로그램을 만들어, 프로그램 진행 동안 작업 공간을 제공한다. 그리고 은행권청년창업재단인 디캠프D.CAMP에서는 창업 생태계 활성화와 초기 기업 육성 지원을 위해 선발된 10여 개 팀에게 6개월에서 1년까지 입주 지원을 해준다. 이는 오프라인 점포 공간을 활용하는 것으로 가능한 일이다.

영국의 대형 금융기업 바클레이스Barclays는 초기 단계의 유망 스타트업과 창업가 발굴을 위해 이글랩스Eagle labs 서비스를 시작하기도 했다. 이용이 저조한 지점을 스타트업과 창업가 인큐베이팅 커뮤니티인 이글랩으로 전환한 것이다. 오프라인 공간을 무작정 없애기도 어려운 현실에서 이를 어떻게 활용할지에 대한 고민의 결과다. 현재 영국 전역에 24개의 이글랩이 있으며, 사무실 공간, 장비, 네트워킹, 멘토링, 뱅킹 서비스 등을 지원한다.

공간이 매력적이라야 소비도 늘어난다

5C 전략의 마지막은 일종의 매혹captivation 포인트를 가지라

는 것이다. 미술 전시회, 이벤트, 요가 강좌나 콘서트 같은 워크숍 등을 통해서 고객이 서로 만나는 장소로서의 역할을 해야 한다는 것이다. 예를 들어 은행에서 어느 날 그림을 걸고 전시회도 하고, 밤에는 공연도 하는 것이다. 그리고 휴일에는 요가 매트를 깔고 요가를 하는 공간으로 변모한다. 그냥 놀리기에는 아까운 공간을 고객이 만나는 장소로 활용하자는 아이디어다.

단가가 낮고 방문객이 많은 매장은 고객이 얼마나 많이 오느냐가 중요하지만, 단가가 높고 방문객이 많지 않은 매장은 체류 시간이 중요하다. 그래서 부자 고객이 와서 30분이 아니라 한두 시간 머물게 만들려면 여러 가지 이벤트를 마련해야 한다. 미술품 전시나 공연을 보게 하면서 그 공간을 친숙하게 만드는 것이다. 부자들은 머무는 시간이 길어지면 반드시 그 공간에서 무언가 지출을 하려고 한다. 그러니 은행에 머무는 시간이 길어지면 문득 새로운 상품에 가입할 확률이 높아지기 마련이다. 그렇게 해서 한 시간 머물 것을 다섯 시간 즐기게 하면 매출을 다섯 배 올릴 수 있다.

2019년 조이코퍼레이션이 분석한 바에 따르면, 고관여 가전제품을 비롯한 럭셔리 상품, 패션에 이르기까지 오프라인 매장 내 고객의 체류 시간이 3분 증가할 때마다 매출이 5퍼센트 증가하는 것으로 나타났다. 확실히 공간에 체류하는 시간이 길면 길수록 매출은 상승한다. 그래서 삼성디지털프라자나 LG 베스트샵도 생활공간을 만들어서 고객을 오래 붙들어두는 방안을 고민하는 것이다.

디지털 전환의 시작은 데이터의 의사결정 개입이다. 온라인상에 고객이 많이 와서 데이터 공유를 많이 하면 할수록 가치가 오르고, 매출 또한 늘어나며, 고객의 충성도가 커진다. 그리고 오프라인 점포 체류를 늘리면 경험의 속도가 시너지를 일으키는데, 결국은 이들의 통합을 어떻게 구조화할 것이냐가 문제로 남는다. 이것이 디지털 전환의 핵심이다.

그래서 기존 프리미어 등급 위주의 오프라인 행사 범위를 확대해서 고객 참여 및 체류 시간을 확보하는 것이 지금의 중요 전략이 되어야 한다. 이제까지는 극소수의 VIP에게만 진행했던 이벤트를 단가를 낮춰서 대상 범위를 확대하는 것이다. AI까지 동원해서 그 범위를 중산층까지 내려오게 하는 전략이 필요하다.

미국 오리건주에 있는 움프쿠아은행Umpqua Bank은 고객이 머물고 싶은 '슬로 뱅크'로 유명한 곳이다. 이 은행은 지점을 커뮤니티 허브로 재해석해서 지역 주민들이 머무는 시간을 최대화하는 것이 목표다.

움프쿠아 은행 지점은 지역 주민의 문화 공간으로 변모했다. 은행이 커피, 쿠키 등을 제공하고, 로비에는 지역 예술가들의 작품이 전시되며, 영업시간 외에는 음악회, 워크숍 등 교육 프로그램을 진행한다. 한마디로 은행이 고객의 '친구'가 되는 것이다.

은행은 직원을 리츠칼튼 호텔 서비스 스쿨, 커피 바리스타 교육에 파견해서 전문 서비스 기술을 습득하게 한다. 이로써 VIP와 친구처럼 어울리는 아이디어를 실현한다. 이와 같은 VIP 마케팅을 중산층까지 확대하는 데 오프라인 매장을 활용하는 것이다. 움프쿠아은행은 디지털 프라이빗 뱅킹 플랫폼을 출시하는 등 디지털 기술을 도입하는 데 적극적이면서도, 오프라인 대면 방식에도 섬세한 소통 기술을 발휘하고 있다.

고객들은 은행에서 제공하는 문화를 즐기다가 자발적으로 부동산 서비스를 소개받기도 하고, 건강 상담 등을 통해 새로운 보험 서비스에 가입하기도 한다. 금융기관이 그야말로 종합 서비스 센터 기능을 하면서 더 많은 매출 기회를 확보하게 되는 것이다.

종합 플랫폼으로 진화하는 은행들

다음 그림은 새로운 점포 전략으로서의 점포 디자인, 허브 공간 샘플이다. 공간이 여러 개로 구획되어서 각각의 기능에 맞게 거래도 하고, 교육도 하고, 조언도 한다.

교육 공간에서는 온라인 이용, 즉 키오스크 사용이라든지 웹사이트 기능들을 가르친다. 셀프 서비스 공간에 고객이 직접 이용하는 키오스크가 있는데, 이를 잘하지 못하는 고객은 교육 공간으로 가서 교육을 받을 수 있다. 그리고 은행 거래할 일이 있으면 거래 공간으로 넘어가고, 파트너 공간에서는 고객이 직접 체류하면서 일할 수 있게 해준다.

그리고 고가의 서비스, 연금, 투자, 보험, 자산관리 등을 어드바이스하는 공간이 있어서, 이 공간에서 휴먼 내지는 하이브리드 컨설턴트가 고가의 매출 기회를 포착한다. 지금까지의 은행은 모두 거래 기능과 ATM밖에 없었는데, 이제 고도의 방법으로 공간을 세분화해서 쓰겠다는 것이다.

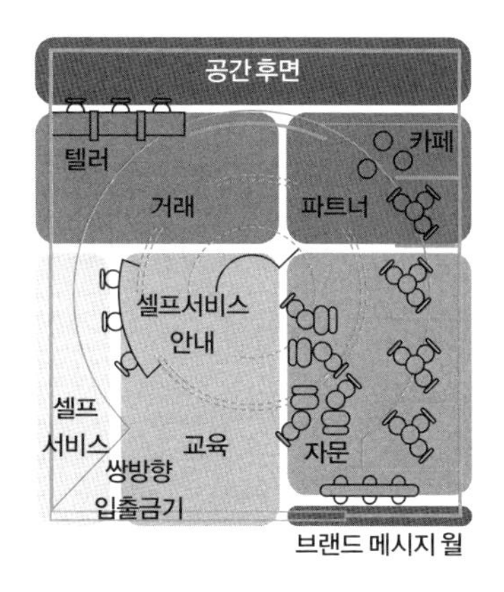

허브 공간 샘플[20]

바야흐로 뱅킹 4.0의 시대가 시작되었다. 뱅킹 4.0은 고객의 데이터를 모으고 통합하는(결합하는) 것이다. 고객의 모든 데이터를 모아서 고객에게 서비스하는 것. 마케팅 분야에서는 '고객을 360도 이해한다'라는 표현을 쓴다.

뱅킹 4.0 시대에는 지점식 업무 절차와 상품을 디지털로 밀어 넣는 것이 아니라 근본적으로 워크플로workflow, 즉 일처리와 데이터 축적 방향을 새롭게 구축해서 매장을 바꿔야 한다. 고객의 라이프사이클에 스며드는 은행으로 진화할 필요가 있다.

뱅킹 3.0	은행들이 FS 섹터를 활성화하기 위해 제3자들과 데이터를 공유하는 오픈 뱅킹의 새 시대가 열렸다.

뱅킹 4.0	뱅킹 4.X
자원과 데이터의 교환으로 더 나은 고객 경험 전달을 촉진하는 에코 시스템	은행들이 고객의 새로운 경험을 가능케 하는 조력자가 되고, 파이낸스가 고객의 라이프스타일과 일체가 되는 오픈 X 에코 시스템의 진화

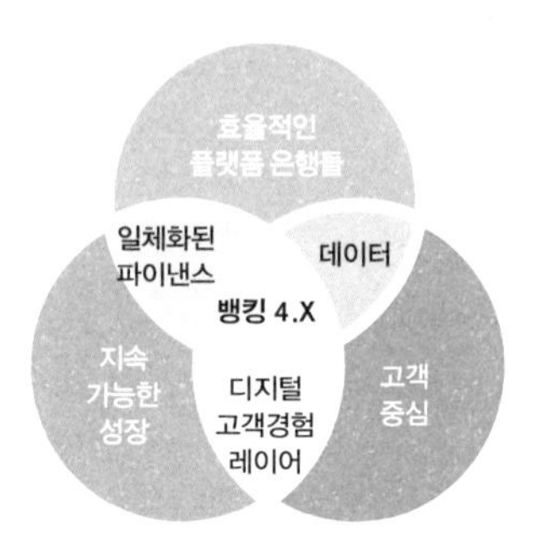

뱅킹 4.0 시대, 은행의 진화[21]

이제 금융업이 생활의 허브가 될 수 있다. 지금 은행들은 금융 플랫폼에서 종합 플랫폼으로 가고 있다. 그렇다면 기존 인터넷 플랫폼인 네이버, 카카오와 경쟁할 수 있게 된다. 은행은 금융을 중심으로 차츰 영역을 확장하거나 다른 플랫폼들과 전략적 제휴관계를 맺을 수 있다. 이런 식으로 금융 비즈니스는 매출과 영향력을 넓힐 수 있다.

“고객의 중요한 순간에 다가서라”

디지털 전환은 모든 기업의 사업영역 확장에 연계된다. 결국 플랫폼 시장에서는 각 분야의 기업들이 자신의 영역들을 새롭게 확장하면서 부딪히게 될 터인데, 그렇다면 그중 누가 승자가 될 것인가. 여기서는 누가 전략적 제휴관계를 잘 맺느냐 하는 데서 승부가 판가름 날 것이다.

블록체인 기반의 BTB 서비스를 제공하는 미국의 아고라Agora Services 창시자이자 CEO인 아카디 라피로Arcady Lapiro는 이렇게 말했다.

“지점은 집 매매, 금융 부동산의 구조화 등 인생의 중요한 순간에 뱅킹 서비스를 보조하는 고부가가치 서비스를 제공해야 한다. 일상 활동이 아니라 인생의 중요한 순간을 위해 최종 사용자 관계를 기반으로 지점의 역할을 재정의하자.”

은행이 단순히 자금 인출 등의 저가 서비스에서 영역을 확장해 고객의 라이프스타일에 적극적으로 참여해야 한다는 것이다. 이는 앞으로 금융 기업이 나아가야 할 방향을 선명하게 드러내는 발언이 아닐 수 없다.

개인적 측면에서 디지털 전환이 직업 전환으로 이어질 수 있을까?

이마트 무인 편의점은 디지털 전환이라기보다는 인건비를 낮춘 것이다. 앞으로는 인건비 절감 차원에서 AI 도입이 많아질 것이다.

다른 사례지만, 현재 파일럿의 연봉이 3억 원을 넘어섰다. 항공사 입장에서는 인건비 부담이 큰데, 그래서 조만간 AI가 운항하는 오토파일럿 항공기가 등장할 것이다. 지금도 기술적으로 문제가 없다고 하는데, 사람들이 불안해하니까 실제

운항을 못하는 것뿐이다. 하지만 인건비가 자꾸 올라가면 결국 AI로의 대체가 대세가 될 것이다.

인건비가 비싸지면 AI, 로봇의 가치가 올라가서 대체 가능성이 높아진다. 인건비가 높아지는 건 노동자 입장에서는 좋은 일일 수 있겠지만, 앞으로 미국, 유럽과 같이 인건비가 높아지는 것만으로 경제의 진화가 끝나지 않을 것이다.

인건비가 높아진다는 것은 그만큼 이를 대체할 AI 로봇의 단가가 높아져도 사람을 대체하는 의사결정을 할 가능성과 여지가 커진다는 의미다. 최근에 치킨을 만드는 로봇, 피자를 만드는 로봇 등이 실제 상용화되고 있는데, 이와 같은 변화는 인력 부족, 인건비 상승과 함께 더욱더 촉진될 것이다.

디지털 전환에 대비하기 위해 문과생들은 무엇을 해야 하고, 어떤 역량을 키워야 할까?

컴퓨터는 인류가 만든 최초의 포괄 목적 기계다. 하나의 목적이 있는 게 아니라 모든 목적에 대응할 수 있는 최초의 기계다. 이것은 원자탄을 실제로 만들었다는 역사상 손꼽히는 천재 폰 노이만John von Neumann이 만든 연산 방식이다. 지금의 컴퓨터는 폰 노이만 방식을 사용한다. 메모리 안에 무엇이 들어오는지에 따라서 컴퓨터의 쓰임새가 달라진다. 메모리에 음악 플레이어 기능이 들어오면 음악 플레이어가 되고, 영상 플레이어가 들어오면 영상 기계, 카메라 기능이 들어오면 카메라가 되는 식이다. 기본적인 인풋과 아웃풋이 있으면 어떤 형태의 기계도 대체할 수 있다. 컴퓨터에 바퀴를 달면 자동차가 되는 것인데, 그것이 테슬라 자동차다.

현재 IT 인력 채용이 많아진 이유가 여기에 있

다. 과거 각각의 특정 목적 기계를 만들던 하드웨어 일이 줄어들고 이것을 소프트웨어 기능으로 대체하는 일이 많아진 것이다. 기계 100개 만드는 일을 이제는 소프트웨어 만드는 사람이 전부 하게 되니, 소프트웨어를 만드는 인력이 대거 필요하다. 그래서 이과생, 특히 소프트웨어 전공자들의 취업이 유리해진 것이 사실이다.

그래도 문과생들이 희망을 가질 수 있는 것은, 모두가 다 컴퓨터의 기계적 핵심 기능과 관련된 코어 프로그래밍을 할 필요는 없기 때문이다. 프로그램의 대부분은 응용 프로그램이다. 그러니 문과생이 오히려 잘할 수도 있는 응용 프로그램을 만들면 된다. 생각보다 어렵지 않다. 지금은 자연어 처리 랭귀지까지 되니까, 곧 말만 하면 프로그래밍을 할 수 있게 될 것이다. 이제 기초적인 수준의 프로그래밍만 하면 된다.

물론 경영학과 학생들과 공대생들을 비교하면 공대생들이 프로그램이나 통계도 훨씬 잘하는 것은 맞다. 그런데 공대생들은 생각보다 빅데이터를 잘하지 못한다. 대부분의 응용프로그램이 다뤄야 하는 비즈니스들 자체에 대한 이해가 떨어지기 때문이다. 그래서 빅데이터 분석가는 오히려 컴퓨터 지식보다는 관련 영역에 대한 이해력을 가진 경영학과 학생이 더 잘할 수 있다. 그러니까 랭귀지에 대한 걱정이나 부족한 점에 대한 고민을 하기보다는, 하고자 하는 목표를 설정하고 열심히 노력하면 된다.

새로운 문제를 처리하는 휴리스틱스heuristics, 즉 맞닥뜨린 사안에 대한 엄밀한 분석보다 창의적이고 직관적인 판단이 더욱 필요한 것 같다. 단순 암기 지식을 아무리 많이 알고 있어도 새로운 방식을 처리하는 방법을 모르면 안 된다. 스티브 잡스는 코딩을 꼭 배워야 한다고 했는데, 여기서 말하는 코딩은 랭귀지에서 C에 있는 프린트하는 printf 등의 명령어들을 외우라는 게 아니다. 논리적으로 사고하는, 또는 컴퓨터가 생각하는 방식을 배우라는 것이다.

결국은 컴퓨터가 사고하는 방식을 알아야 하

고, 그로부터 문제를 논리적으로 해결하는 능력이 필요하다. 그런데 우리나라 교육 시스템은 지나치게 암기 위주다. 디지털 시대에는 답이 확실치 않은 문제들을 창의적으로 해결하는 능력이 필요한데, 암기 교육만으로는 그러한 능력을 키우기가 힘들지 않은가.

3부

절대 실패하지 않는 디지털

세상의 룰을 창조적으로 바꾸는 일, 디지털 전환은 스티브 잡스식의 '미친' 듯한 헌신과 집중이 있어야만 실현되는 것이다. 그래서 어렵고 힘든 길이지만, 결국 가지 않을 수 없는 길이다. 그러므로 실패하지 않는 전략이 중요하다.

글로벌 리딩 기업의 과감한 디지털 변신

버버리의 디지털 이미지 변신

디지털 전환을 실행하고 성공시킬 방법, 즉 특성과 나아갈 방향에 대해 고찰하기에 앞서 디지털 전환을 성공시킨 기업들의 전략 내용을 알아보자.

디지털 전환을 성공시킨 첫 번째 사례는 버버리Burberry다. 우리에게 버버리코트로 유명한 전통의 명문 의류업체 버버리는 어쩌다가 2000년대에 광적인 축구 관중인 훌리건의 상징이 되면서 인식이 나빠졌다. 게다가 2008년 글로벌 금융위기 이후의 소비 위축으로 매출까지 급락했다. 우리나라에서도 매출이 신통찮아 백화점 매장에서 철수당하는 수모까지 겪었다. 그 정도로 낡은 브랜드로 전락한 것이다.

버버리의 디지털 전략[22]

그렇게 침체기를 보내던 버버리는 2006년에 새로운 CEO가 들어오면서 밀레니얼 세대를 대상으로 모바일 및 소셜미디어를 적극적으로 활용하기 시작한다. 다시 젊은 브랜드, 유행을 앞서가는 브랜드로 탈바꿈하게 된 것이다. 버버리의 핵심 유산인 '영국적인 것'을 부각시키고, 코트와 디지털 혁신을 접목하는 것으로 이미지 변신을 시도, 민주적 럭셔리democratic luxury를 지향점으로 내세웠다.

버버리는 디지털과 고객 경험을 접목해서 '풀 디지털 버버리full digital Burberry' 전략을 추진했다. 고객들에게 다음 그림처럼 재미있고 획기적인 문구들을 전송하는 등 마케팅 비용의 60퍼센트를 디지털 미디어에 투자했다.

과거에는 통상 럭셔리 브랜드라고 하면 여러 고급 잡지들에 광고하는 것이 투자의 전부였다. 그런데 이러한 과거의 틀을 벗어나 과감하게 디지털화함으로써 버버리는 젊은 명품 브랜드로 다시 태어났다. 버버리를 내쫓았던 백화점들은 이제 버버리를 다시 입점시키기 위해 부탁하는 것으로 태세가 전환되었다.

버버리는 과감한 디지털 전환과 변신을 통해서 죽어가던 브랜드를 쇄신하고 새로운 번영에 이른 대표적인 사례다. 죽어가던 버버리의 브랜드 이미지를 살려낸 디지털 전략을 눈여겨볼 필요가 있다.

스타벅스의 과감한 혁신

두 번째 사례는 스타벅스의 혁신이다. 스타벅스는 1971년에 창업한 미국 시애틀의 회사로, 2016년에는 매출이 12억 달러까지 증가하기도 했다. 2009년경에는 스타벅스의 상징과도 같은 동그란 컵이 UFO 컵이라고 해서 미국 전역에서 인기를 끌었고, 시애틀의 경우 하나의 사거리에 스타벅스 매장이 세 곳이나 개장되기도 했다. 스타벅스는 특히 우리나라에서 영업이 잘되는 편인데, 그처럼 승승장

구하던 스타벅스에도 위기는 찾아왔다.

한 기업의 신제품이 기존 주력제품의 시장을 잠식하는 현상, 즉 카니발리제이션cannibalization이 시작된 것이다. 근처에 같은 매장이 너무 많다 보니 경쟁이 치열해지면서 매출이 급감했다. 스타벅스는 매출 복구를 위해 파스타 같은 음식을 팔게 되는데, 카페에서 음식 냄새가 나니까 고객들이 이를 싫어했다. 샌드위치 정도야 그렇다 쳐도 파스타까지 팔게 되면서, 기존 충성 고객들이 '이것이 카페냐?'라는 문제를 제기했다. 그리고 매출이 계속 떨어졌다.

이때 한 번 물러났던 창업자 하워드 슐츠가 다시 돌아온다. 돌아온 창업자는 다른 실패한 창업자들의 컴백과는 달리 자신의 생각을 일방적으로 전개하지 않고, 놀랍게도 디지털 채널에서 소비자들의 목소리를 먼저 들었다. 스타벅스의 길을 소비자들 목소리에서 찾고 새로운, 그렇지만 새삼스러운 결론에 도달했다. 그 결론은 바로 '스타벅스는 카페다'라는 것.

복귀한 하워드 슐츠는 7개 혁신 아젠다를 발표했다. '커피 권위자가 되자', '고객과 감정적 교감에 불을 지피자', '각 매장을 해당 지역의 중심으로 만들자' 등이 그것이다.

그래서 하워드 슐츠의 스타벅스는 다시 기존의 이미지로 돌아가되 디지털 접목을 강조했다.

이를 위해 그는 과감한 인사를 단행한다. 시만텍 COO(최고운영책임자)였던 스테판 질렛을 CIO(최고정보책임자)로 임명해 새로운 부서를 만들 정도였다. 실리콘밸리 IT 기업과의 제휴와 인재 영입을 통해 스타벅스는 본격적으로 디지털 전환을 추진했다. 애덤 브로트만, 어도비시스템 출신의 제리마틴 플리킨저, 시스코와 마이크로소프트, AWS를 경험한 탈 샤리프를 영입한 것이다. 그 결과, 그때만 해도 미국의 통신이 아주 발달한 상태는 아니었는데, 이때부터 스타벅스 안에서 인터넷 통신을 자유롭게 할 수 있는 서비스를 제공했다. 사전에 모바일로 예약 주문하는 '사이렌 오더' 제도를 만드는 등 전통 이미지와 디지털 이미지를 잘 결합한 결과, 스타벅스는 고객의 호응을 얻고 다시 매출과 명성을 회복하게 된다.

스타벅스의 디지털 전환을 구성하는 핵심 요소는 다음과 같다.

먼저, 모바일 퍼스트 전략이다. 스타벅스는 자체 모바일 앱을 출시한 후, 프리퀀시 적립과 이벤트를 통해 고객들이 앱을 설치하고 사용하게 만들었다.

스타벅스가 매년 시기별로 내놓는 굿즈들은 사람들에게 유니크한 감성으로 소구되며 이벤트에 참여하게끔 하는 주 동기가 되고 있는데, 특히 인기를 끄는 스타벅스 플래너 등이 있다. e 프리퀀시 이전에는 굿즈 이벤트에 참여하기 위해서 종이 스티커를 십여 장을 모아야 했으나, 모바일 앱이 출시되며서 이제는 앱으로 참여하게 되었다.

또한 VIP에게 발행하던 골드카드 역시 오프라인에서 발행을 중지하고 모바일 앱으로 제공했다. 기존의 마케팅 전략들을 이용하여 모바일 앱으로 고객을 유도하고, 사이렌 오더, 결제, 이벤트 등의 기능으로 앱 활성화를 꾀하는 것이다. 보조적으로 앱을 사용하는 것이 아닌, 스타벅스 이용 경험의 핵심이 되게끔 비즈니스 전략을 설정한 것을 확인할 수 있다.

두 번째는 스타벅스 페이다. 모바일로 모아온 고객 경험을 완성시키는 것은 음료의 주문과 결제다. 온라인 결제 경험 없이는 온전히 디지털화된 경험이 제공되지 않는 반쪽짜리인 것이다. 스타벅스의 리워드 방침에서 스타벅스가 이것을 얼마만큼 잘 인지하고 있는지가 드러난다. 2011년 도입한 '마이 스타벅스 리워드' 프로그램에서는 스타벅스 페이로 커피 한 잔 구매 시 가상 쿠폰인 별 한 개를 제공한다. 스타벅스 카드로 자동 충전하는 방식을 선택할 시에는 5만 원 이상 충전 시 무료로 음료 한 잔을 제공하기도 한다. 페이를 활성화해서 구매에 대한 고객 데이터를 확보하겠다는 의도가 드러난다.

처음 오프라인 신용카드 결제에서 모바일 앱 결제로 전환하는 것은 고객에게 불편함을 초래한다. 그 대신 스타벅스가 얻는 것은 컸다. 앱에 남는 고객 데이터를 바탕으로 방문 시간, 빈도, 소비 패턴, 구매 액수 등 개인화된 정보가 축적되는 것이다. 이를 바탕으로 개인화된 마케팅 및 데이터 기반 매출 개선 전략이 가능해졌다.

미국 디지털 시장조사업체 '이 마케터' 조사에 따르면, 2018년 5월 기준 미국에서 가장 많이 쓰이는 모바일 결제 앱은 스타벅스 앱이다. 스타벅스 앱에 내장된 선불카드를 충전하는 방식으로 2340만 명이 쓰고 있으며, 적어도 6개월에 한 번씩은 앱을 이용한 구매를 한다. 스타벅스 페이는 미국 내 이용자 수 1위인데, 2200만 명이 이용하는 애플페이, 1110만 명이 이용하는 구글페이, 990만 명이 이용하는 삼성페이를 뛰어넘는 수치다.

더 나아가, 스타벅스는 모바일 앱의 고객 데이터를 상권 분석에도 사용한다. 상업지구와의 거리, 인구통계 정보, 일일 교통량, 대중교통 수단 등의 빅데이터를 연동, 분석하여 매장의 입지를 선정하는 매장 개발 앱, 아틀라스를 개발했다. 이는 모바일 앱을 통해 매주 생성되는 9000만 건의 고객 데이터가 있기에 가능한 일이다.[23] 과감한 혁신이 기업을 어떻게 변화시킬 수 있는지, 그것을 잘 보여주는 것이 스타벅스 사례라 하겠다.

버거킹의 옴니채널 구축

스타벅스처럼 버거킹도 단순 패스트푸드 프랜차이즈를 뛰어넘기 위해 디지털 전환을 감행했다. 버거킹이 시도한 변화의 시작은 모바일 앱이다.

2017년부터 버거킹 코리아는 모바일 앱을 대대적으로 개편하며 30~40퍼센트의 할인을 제공하는 쿠폰 서비스를 앱을 통해 제공했다. 다운로드 수는 1년 만에 240만 건으로 늘며 두 배가 되었다. 또한 2018년 10월, 버거킹은 '올데이킹' 프로모션을 진행하면서 버거킹 모바일 앱 경험을 공격적으로 제공했다.

신호상 버거킹 코리아 마케팅 총괄이사는 2018년 8월 언론사 인터뷰에서 이러한 모바일 앱 경험이 옴니채널 구축에 시너지로 이어지고 있다고 말했다. 그는 "쿠폰을 통해 버거킹을 접해보지 못한 신규 고객을 끌어들인 점, 기존 버거킹 고객의 충성도를 더욱 강화한 점, 두 가지 효과를 얻고 있다"면서 "스토어채널(매장)과 홈 딜리버리(배달) 채널 간의 시너지를 구현했다"라고 표현했다.

오프라인 매장 기반으로 확장했던 식음료 프랜차이즈들이 앱을 도입해 디지털화를 시도하는 가장 큰 이유는 고객 데이터에 있다. 고객의 구매정보가 휘발됐던 기존과 달리, 앱을 통해 하는 고객 주문과의 상호작용인 인터렉션은 모두 기록되고 정보로 가공될 수 있다. 이를 통해 버거킹은 고객이 정확히 누구고, 무엇을 원하는지 알 수 있는 것이다. 이 정보를 바탕으로 개인화, 맞춤화된 메뉴 제안을 할 수 있고, 마케팅 및 메뉴 수립 전략도 바뀔 것이다.[24]

DBS의 디지털 채널 구축

네 번째는 DBS, 싱가포르은행 사례다. 이제 디지털 뱅킹이 시대적 추세가 되면서 오프라인 뱅킹이 차츰 문제가 되고 있다. 우리나라에서도 오프라인 지점의 필요성이 줄어들면서 점차 지점 수를 줄이는 방향으로 가고 있는데, 싱가포르은행은 강력한 CEO의 의지에 따라 디지털 뱅킹을 은행의 미래 전략으로 수립한다. 그 모습이 과거의 리테일 매장과는 완전히 다르다. 고객이 서비스를 경험하고 생활하는 공간으로 탈바꿈한 것이다. 우리나라의 많은 은행도 이런 모습으로 리테일 매장을 바꾸려 하고 있다.

싱가포르은행은 지역 포트폴리오 다변화 과정에서 모바일 뱅킹을 통한 해외사업의 강화를 본격화하기도 했다. 예를 들어 동남아 같은 경우, 오프라인 서비스 제공이 잘되지 않는 곳에서는 휴대폰으로 뱅킹을 할 수 있게 해주는 것이다. 이러한 전략을 실행해서 성공적으로 사업을 확장하고 디지털 전환에 안착했다. 기존 기업들의 디지털 전환이 어떻게 추진되어야 성공할 수 있는지, 이에 관해 확실한 인사이트를 주는 것이 싱가포르은행이다.

언더아머의 데이터 비즈니스 전략

다섯 번째 사례는 최근 유명해진 스포츠 브랜드 언더아머

Underarmour다. 언더아머는 기본적으로 디자인 측면에서 좋은 이미지를 가지고 있지만, 데이터를 활용한 비즈니스 전략 또한 너무나 잘 짜고 있다.

언더아머는 이례적으로 최첨단 전자제품 박람회인 CES에서 기조연설을 하기도 했다. CEO 케빈 플랭크가 언더아머 제품과 연동된 AI 및 IOT 기술이 퍼포먼스 증가와 라이프스타일 변화에 어떤 영향을 미칠 것인지 발표했다. 언더아머가 디지털 전환을 선도하는 스포츠 기업으로 인식되고 있다는 증거다.[25]

언더아머의 디지털 전환은 CEO 케빈 플랭크의 한마디에서 시작되었다고 한다. 수년간 CES에 참여하면서 IT테크 기업들의 제품력에 반한 그는 자사 제품에 혁신이 함께하길 원했다. 그래서 그는 셔츠를 회사 임원에게 건네면서 "이 셔츠를 디지털화해봐"라고 말했다고 한다. 그 후 언더아머는 제품 내외적으로 엄청난 혁신을 창출하게 되었다.[26]

2011년에는 NFL 풋볼 선수들을 위해 스마트 셔츠를 개발했다. 셔츠에는 버그라는 센서가 내장되어 심박수, 호흡 속도, 체온 등을 체크할 수 있었다. 확보된 데이터는 블루

투스를 통해 자동으로 코치진에게 전달되어 아이패드로 확인할 수 있었다. 영국 프리미어 리그 축구 구단 토트넘 홋스퍼는 이 셔츠를 도입하며 한화 약 910억 원에 해당하는 계약을 맺었다.

언더아머의 디지털 전환은 웨어러블 기기 등의 하드웨어에만 국한되지 않았다. 하드웨어 이상으로 유저 커뮤니티 구축이 필요하다고 결론 내린 언더아머는 맵마이피트니스MapMyFitness 라는 운동량 측정 앱을 인수한다. 해당 앱은 2000만 명의 사용자를 보유하고 있어 단숨에 나이키 플러스의 1800만 명 유저 커뮤니티를 뛰어넘는 사용자 풀을 확보하게 된다.

엔도몬도Endomondo라는 달리기 관리 앱, 마이피트니스팔MyFitnessPal이라는 다이어트 관리 앱도 추가로 인수하여 미국뿐 아니라 유럽의 사용자들도 확보했다. 엔도몬도는 달리는 거리와 속도, 소모된 칼로리를 기록하며 SNS를 통해 친구들과 공유하는 앱인데, 총 2000만 유저를 보유하고 있었다. 마이피트니스팔 역시 8000만 유저를 보유한 개인 칼로리, 영양소 분석 앱이다.

공격적인 인수 전략을 통해 유저 규모를 빠르게 끌어올

린 언더아머는 자체 플랫폼 앱을 출시하여, 인수한 앱의 사용자와 데이터를 통합적 생태계로 포함했다. 유저에게 개인별 맞춤형 제품, 서비스 경험을 줄 수 있는 구조를 만든 것이다.

막대한 양의 유저 빅데이터를 효과적으로 처리하기 위해서 데이터 플랫폼도 신설했다. 클라우드 기반 데이터 분석 전문 기업 SAP와의 협업을 통해 언더아머는 매스 하우스Math House라 불리는 데이터 플랫폼을 만들었다. 이를 통해 전 세계 소비자의 운동 데이터를 도시별로 분석하는 등의 작업이 가능해졌다.

언더아머는 빅데이터 분석을 통해서 고객 맞춤 상품을 추천한다. 고객의 허락을 받은 상태에서 고객의 사적인 메시지를 AI가 분석하는데, 예를 들어 이렇다.

뉴욕에 있는 임원급의 부유한 고객이 2주 뒤에 보스턴 마라톤에 참석한다는 메시지를 친구들에게 보내면서 언더아머가 이 계획을 알게 된다. 이에 언더아머 측이 2주 뒤 보스턴 날씨를 분석해보니 우천 확률이 높다. 그래서 고객에게 보스턴 마라톤 때 비가 올 확률이 높으니 레인 재킷을 사는 게 어떻겠냐고 제안하는 것이다.

이와 같은 맞춤 상품 추천을 통해 기업은 매출을 유도할 수 있고, 고객은 자신의 실정에 맞춰 상품을 추천해주는 언더아머를 좋은 브랜드로 인식하고 만족도가 향상될 수 있다. 이처럼 테크놀로지를 활용해서 고객에게 맞춤 서비스를 한다면 고객의 만족과 더불어 간단히 매출을 증가시킬 수 있다. 앞서가는 스포츠 브랜드 언더아머는 이렇게 자사의 이미지를 구축하는 데 성공한 것이다.

나이키의 끊김 없는seamless 디지털 경험[27]

나이키는 2013년 미국 비즈니스 월간지《패스트컴퍼니》선정 세계 최고 혁신 기업으로 선정되었다. 글로벌 스포츠 리테일 기업이 IT 테크 기업을 제치고 가장 혁신적인 기업으로 인정받았다는 것이 의아할 수 있지만, 나이키가 걸어온 디지털 트랜스포메이션 행보를 보면 그 이유를 알 수 있다.

나이키는 아이폰 출시 이전부터 애플과 협업하며 신발로부터 측정된 사용자 운동 데이터를 에어팟으로 보내는 제품을 만들었다. 나이키를 신는 사람들이 대부분 아이팟을 가지고 있었으며, 대부분 조깅을 하면서 아이팟으로 음악을 듣는다는 것에 착안한 것이다. 운동 기록을 생성하고 동기화하는 작업을 통해 성취감이 약한 달리기의 개념을 바꿔놓은 혁신으로 손꼽힌다.

2010년 나이키는 디지털 스포츠 부서를 신설하여 디지털 전환을 본격적으로 연구하기 시작했다. SNS 활성화를 통해 대중들의 라이프스타일이 빠르게 디지털화되고 있다는 것을 발견한 것이다. 나이키는 나이키 플러스의 종목을 러닝뿐 아니라 농구와 트레이닝으로 확장하고 손목밴드 등의 웨어러블 디바이스 개발에도 박차를 가하게 된다.

나이키는 앱 생태계 조성의 중요성도 인지하고 있었다. 나이키 런 클럽Nike Run Club과 나이키 트레이닝 클럽Nike Training Club이 대표적인 유저 커뮤니티 앱이다. 나이키 런 클럽은 달리기 코스나 함께 달릴 크루들을 소개하며 달리기에 대한 감정을 공유하는 SNS 기능이 핵심이다. 나이키 트레이닝 클럽은 개인 PT 트레이너처럼 유저에게 맞는 운동 프로그램과 동기부여를 제공한다. 세계적인 스포츠 스타들의 운동 루틴을 추가하여 특색 있는 콘텐츠도 더했다. 매수를 통해 규모를 늘린 언더아머와 달리 나이키는 자체 개발을 통해 사용자 커뮤니티 앱 생태계를 지속적으로 늘려나갔다.

디지털 물류 시스템을 구축하겠다고 선언한 것도 나이

키의 혁신적인 점이다.[28] 나이키는 디지털 판매를 증가시키기 위해 AI 스타트업 셀렉트Celect를 인수했다. 아마존처럼 고객 행동 데이터를 분석해 재고관리의 효율을 높이겠다는 뜻이다. 온·오프라인 채널의 통합적 연결을 통해 고객 경험을 높이고 기존의 제품 생산 주기를 절반으로 단축하는 것 역시 디지털 물류 시스템 혁신의 일환이다. 예를 들어, 뉴욕, 파리 등 대도시에 위치한 나이키 플래그십 매장에서는 QR코드를 스캔하여 마네킹이 착용한 제품 정보를 손쉽게 알아볼 수 있다. 자신에게 맞는 사이즈의 재고를 알아보고, 원하는 사이즈의 상품을 피팅룸으로 보내주도록 요청할 수도 있다. 온라인 장바구니에 담은 제품들을 피팅룸으로 부르면 제품이 스토어 피팅룸으로 배달되는 방식이다. 결제 역시 모바일로 가능하다.

그뿐 아니라 나이키 모바일 앱은 온라인 상황에서도 오프라인과 같은 경계 없는 디지털 경험을 제공한다. 나이키 핏 서비스는 사용자가 카메라로 자신의 발을 촬영하면, 발 사이즈에 맞는 신발 사이즈를 자동으로 추천해준다. 나이키는 스타벅스처럼 모바일 앱을 통해 고객의 행동 패턴과 성향을 분석한다. 머신러닝과 AI 기술을 통해 더 나아가 오프라인 매장과 온라인의 경계를 허물고 있다.

애플의 4차 산업혁명[29]

디지털 전환의 가장 선두에 있는 기업, 애플 역시 디지털 전환 트렌드를 민감하게 따라가며 발전하고 있다. 잡스가 떠난 후, 팀 쿡 체제의 애플이 시도한 변화들은 이를 이해하는 데 큰 도움이 된다.

2019년 3월, 애플 스페셜 이벤트 공식 석상에서 팀 쿡이 발표한 내용에는 기존 애플 제품에 대한 내용이 모두 빠져 있었다. 대신 기존의 애플뉴스에 잡지 구독 서비스를 결합한 애플 뉴스 플러스(+)를 발표했다. 이를 통해 아이폰과 아이패드로 취향 맞춤 추천된 300개 이상의 잡지를 볼 수 있으며 디지털 콘텐츠인 영상과 GIF도 볼 수 있다.

두 번째로 공개된 내용은 애플카드다. 애플카드는 아이폰과 연동되어 지불내역과 잔액을 알 수 있는 것이 특징이다. 일회용 결제 비밀번호를 아이폰 연동으로 매번 부여받는 방식으로 보안성도 크게 강화됐다.

게임을 구독하는 서비스인 애플 아케이드와 애플 TV+도 애플의 새로운 변화 방향이다. 애플 아케이드는 별도로 게임앱을 앱스토어에서 다운받을 필요없이 게임을 온라인 스트리밍할 수 있게 하는 서비스다. 애플 TV+는 넷플릭스와 같은 전략을 보이며 애플 오리지널 콘텐츠를 제작할 것을 발표했다.

애플이 보고 있는 미래는 콘텐츠다. 하드웨어, 소프트웨어로 구축된 디지털 생태계 위에 차별화된 콘텐츠로 사용자 경험을 더 풍부하게 하겠다는 것이다.

체스터필드 카운티의 변화관리

마지막 사례는 미국 체스터필드 카운티의 인사관리 시스템이다. 미국의 행정은 주 정부도 중요하지만, 그 아래 있는 카운티county 정부 역시 중요하다. 카운티는 우리나라의 군郡에 해당한다고 볼 수 있는데, 미국 행정은 대부분 카운티로 구성되어 있다.

체스터필드 카운티는 새로운 인사관리 시스템을 도입해서 온라인으로 인사와 출석을 관리하는 시스템을 구축했다.[30] 그런데 여기서 무려 300가지나 되는 오류가 발생했다. 하지만 이렇듯 오류가 많다는 것이 절대 나쁜 것이 아니다. 체스터필드 카운티는 이를 개선할 점이 많다는 것으로 좋게 받아들이고 시스템을 수정해서 성공적으로 재구축함으로써 생산성을 높이게 된다.

이때 각 부서에서 파견된 대표자들이 모여 커뮤니티를 구성하고 협력해서 함께 의사결정을 함으로써, 너무도 다양한 입장에 따른 혼란을 극복하고 일관된 의사결정을 형성할 수 있었다.

사실 다양한 의견을 일원화하는 것은 쉬운 일이 아니다. 예를 들어 CEO가 '우리의 목적은 A'라고 아무리 피력해도 직원들 중에서 그 A라는 메시지를 정확하게 이해하는 사람은 드문 것이 현실이다. 메시지는 간단하고 일관되며 모두에게 이해될 수 있어야 한다. 이것이 기업의 의사결정에서 기본 원칙이지만, 의외로 잘 지켜지지 않는다. 요즘 많은 조직의 변화관리가 실패하는 원인 또한 여기에 있다고 할 수 있다.

그런 점에서 체스터필드 카운티의 변화관리는 의사결정의 효율성을 잘 보여준 사례라고 할 수 있다. 더불어 변화관리 과정에서 오류가 많이 발견되는 것이 결코 나쁜 시그널이 아니라는 점도 잘 보여주었다.

디지털 전환 리스크, 변화를 매니징하라

두려움은 무지의 소산

디지털 전환 변화관리에서 '변화'라는 것을 먼저 정의해보자. 변화란 현재에서 일시적인 지위를 거쳐 희망하는 지위로 향하는 과정을 뜻한다. 영어로 표현하면 As-is를 To-be로 바꾸는 것이다. 내가 원하는 과정으로 가게 만드는 것이 변화다.

그런데 대부분의 사람은 사실 변화를 싫어하고 현재 상황을 유지하고 싶어 한다. 대표적으로 평사원과 중간관리자를 비교해보면 중간관리자급 또는 임원급들이 변화를 싫어한다. 회사 내 변화 과정에서 자신의 자리가 위태로워지는 것을 걱정하기 때문이다. 반면 평사원들은 현재 시스템에 불만이 많을 것이고 진취적이므로 변화를 좋아한다.

그러면 CEO의 경우는 어떨까? 흥미롭게도 임원들이 통상 변화를 싫어하는 데 비해 CEO들은 변화를 원한다. 조직 책임자로서 조직이 변하지 않으면 문제가 생긴다는 것을 직감하고 있기 때문이다. 그래서 흔히 CEO들이 변화를 주창하고 임원들이 이를 말리는 상황이 연출된다.

그런데 임원들이 변화를 싫어하는 이유는 일단 자기 위치가 흔들리기 때문이기도 하지만, 그에 더해 '지식의 부재'로 인한 두려움도 있다. 쉽게 말해 모르기 때문에 두려워한다는 것이다. 변화의 결과가 자신에게 안 좋은 상황이 될까봐 두려워하는 것이다.

예를 들어 원시인들은 불을 무서워했다. 산에서 갑자기 불이 나면 그 원인을 모르니까 신이 노했다면서 대단히 두려워했다. 하지만 산불이란 것이 마른 나무들이 서로 마찰을 일으켜 자연발생적으로 일어날 수 있다는 것을 알면 더 이상 '신'을 소환하지 않게 된다. 두려움은 무지의 소산일 뿐이다.

변화관리 핵심 중의 하나는 변화했을 때의 상황이 어떤 것인지를 조직 구성원들에게 충분히 인지시키는 것이다.

이때 구성원들이 새로운 변화, 새로운 시스템을 수용하게 하려면 변화의 내용과 특성을 자세히 알려주면 된다. 막연한 두려움이 걷히면 용기가 생기는 법 아니겠는가.

기업 내에서 경영상의 변화를 일으키고자 하는 시도들은 지금까지도 많이 있었다. 이미 30여 년 전인 1990년대 초에 미국의 마이클 해머Michael Hammer가 제창한 BPRBusiness Process Re-engineering 같은 시도에서 지금의 변화관리가 등장한 것이다.

당시 MIT 교수였던 마이클 해머의 BPR은 비용, 품질, 서비스, 속도와 같은 핵심적 성과 향상을 이루기 위해 기업 업무 프로세스를 근본적으로 재설계하는 것을 의미했다. 그런데 BPR은 실패했다. 'SAP R/3' 같은 전사적 관리 시스템을 도입해서 조직의 일하는 방식을 과거의 기능 중심에서 프로세스 중심으로 바꾼다는 획기적인 아이디어는 참신했다. 그런데도 실패한 것은 조직 내에서 변화를 싫어하는 부류를 어떻게 설득할 것인가에 대한 고려가 없었기 때문이다. 인간의 적응 문제를 간과한 것이다

그래서 이를 해결하기 위한 인간 측면의 관리가 주목받게 되고, 이로부터 인사관리적 변화가 나타났다. 인사관리

는 체인지 매니지먼트, 워크플로 매니지먼트, 비즈니스 인텔리전스 등 여러 이름으로 바뀌었는데, 역시 대부분은 성공하지 못했다. 그중 인사관리적 변화 측면에서 체인지 매니지먼트가 상당히 좋긴 했다.

경영상의 변화는 IT, 정보기술의 변화를 포함할 수밖에 없다. 그래서 인사관리적인 측면과 함께 기술적인 측면(IT적 측면)을 동시에 극복해야 하는데, 여기에 실제적인 어려움이 있다고 하겠다. 성격이 다른 두 도메인을 다 잘 이해하는 사람이 이 작업의 수행을 위해서 필요한데, 다른 성격의 두 가지 영역을 한 사람이 모두 잘 이해하는 것은 결코 쉬운 일이 아니다. 그래서 기술적인 측면과 인사관리적 측면을 동시에 잘 이해하고 아우르는 사람이 드문 것이다.

지금도 경영학 영역에서 IT 전공이 중요성을 갖는 이유는 이 두 가지를 정복하는 것이 쉽지 않기 때문이라고 생각한다. 과거 IT는 점점 쉬워져서 전기와 같이 되어, 중요하지만 누구나 너무 쉽게 쓸 수 있어서 경영 전략에서 중요한 비교우위competitive advantage를 획득, 유지하는 데 도움이 안 될 것이라고 예측한 언론인이 있었는데, 10년 이상이 지난 지금도 그 예상이 실현되지 않은 것은 이와 같은 이유 때문이라고 생각한다.

변화에 저항하는 이유

조직이란 모름지기 수천 년부터 계속 변화를 위한 시도를 해왔다. 지금도 변화하지 않으면 살아남을 수 없다고 외치지만, 사실 이 구호는 30년 전에도 50년 전에도 있었다. 다만 요구하는 변화의 속도가 좀 더 빨라졌을 뿐이다.

변화하지 않으면 기업이 도태된다는 사실은 자본주의 사회에서 바뀐 적이 없는 사실이다. 30년 전에 탑 20위 안에 있던 미국의 기업들 중 살아남은 기업은 몇 곳 되지 않는다. 변화하지 않는 기업은 결국 소멸한다는 것은 언제나 진리였다.

그럼 변화를 모색하는 일에서 생기는 문제들은 구체적으로 무엇일까? 무엇보다 사람들은 변화의 필요를 느끼지 못하고 현재에 멈춰 있고 싶어 한다. 새로운 무언가를 시도했는데 문제가 생기면 다시 돌아가야 한다고 생각한다. 그런데 다시 돌아가면 변화의 시도는 물거품이 된다. 이 과정에서 업무량이 철저하게 측정되지 않음으로써 사람들은 자연스럽게 변화에 저항하게 된다. 변화를 시도하고는 변화에 저항하는 악순환이 발생하는 것이다.

디지털 전환을 시작하면 당연히 여러 문제가 불거진다. 어느 조직에서나 싫어하는 사람이 나오고 업무 변화에 대항하는 여러 힘이 존재하기 마련이다. 아무래도 새로운 시도이다 보니 한동안은 절차와 업무가 악화될 수밖에 없는데, 이 기간을 견디지 못하고 다시 돌아가자는 의견이 나오기도 한다.

그런데 변화의 성공도를 측정하려면 효율성과 효과성을 구분해서 판단해야 한다. 효율성은 같은 일을 최소한의 시간과 비용, 인력으로 하는 것이다. 반면 효과성은 내가 하고자 했던 일을 이루느냐 못 이루느냐의 차이로 드러나는 것이다. 효과성 입장에서는 당연히 새로운 비즈니스 전략을 지지하고, 조직의 구조와 문화를 개선하고, 그것을 통해서 고객과 비즈니스의 가치를 상승시키는 궁극의 성공을 이뤄내야 한다.

전사적 관리 시스템을 도입하는 대다수 기업은 언제나 내부 저항에 부딪히기 마련이다. 관리 지원에도 불구하고 사용자들은 자신들이 기존 시스템에서 잘하고 있다고 생각하기 때문이다. 그리고 사용자들은 변화가 그들이 겪는 문제를 적시하지 않는다고 생각한다. 기존 문제를 더 어렵게 만든다고 느낀다. 소위 불평불만이 폭증하는 것이다. 조직에는 늘 이렇게 저항하는 사람들이 있기 마련인데 이를 잘 극복해야 한다.

사실 사용자들은 이미 다른 것들에 많은 투자를 한 상태다. 무슨 이야기냐면, 예외 시스템이 작동한다는 것이다. 어떤 문제가 생겼을 때 이것을 시스템 안에서 처리하지 않고 편법으로 처리하는 경우가 많이 있다. 이런 예외들이 존재하는 시스템은 사실 고치기가 힘들다.

이러한 예외를 잘 아는 회사의 기존 선임들은 다분히 조직 내 힘을 가지고 있고, 그것이 자기의 존재 이유가 된다. 비형식적 권력 구조가 발생하는 것이다. 예외를 알고 있는 사용자가 문제를 잘 처리해줄 수 있기에 그렇다. 그래서 변화관리에서 갑자기 예외적인 문제가 발생하면 '구관이 명관'이라는 식의 해결책이 등장한다.

또한 그림자 시스템이라는 것도 존재한다. 이는 각 부서들이 스스로 만든 형식적 혹은 비형식적 시스템이다. 지금은 많이 사라졌지만, 대다수 회사가 시스템적으로 이중장부 등을 가지고 있었다. 내부적으로 진짜 이익을 따로 챙기는 그림자 시스템이 작동해서, 이 시스템으로 이익을 보는 사람은 당연히 변화를 싫어하게 된다. 그리고 시스템 혹은 과정상의 문제를 피해 가는 우회 해결책이 존재하는데, 새로운 시스템이 들어오면 그와 같은 기존 해결책이 적용될 수 없어 혼란이 생기게 된다.

자신들이 보유한 비즈니스 룰과 지식으로 권력을 유지하는 고위 임원들을 일컬어 '왕벌과 여왕벌'이라는 표현을 쓰기도 한다.[31] 구 시스템에서 이미 자기 위치가 공고해진 사람들은 아무래도 변화를 싫어하기 마련이다.

이처럼 변화에 저항하는 사람들 속에서 변화관리를 하기 위해서는 조직 구성이 잘돼야 한다. 무엇보다 변화를 추구하는 조직은 이원화된 커뮤니티를 가지고 있어야 한다. 첫 번째는 최고위원회인데, 이것은 최소한 CEO 또는 2인자가 포함되는 주요 결정 조직을 말한다. 그리고 두 번째가 변화관리팀이다. 변화를 시행하기 위한 핵심 팀으로, 여기에는 정보기술을 아는 IT 이사가 참여해야 한다. IT 이사는 변화관리팀에도 들어가서 실무를 지휘하고 최고위원회에 보고해서 승인을 받아내는 체제를 가져야 한다.

또한 기동타격대가 있어서 업무에 어떤 문제가 생겼을

때 조사하고 문제를 해결할 수 있어야 한다. 최고위원회는 자주 모이지는 않더라도 주기적, 지속적으로 변화관리 추진을 적극적으로 지원해야 한다.

실패하는 시스템을 보면 CEO가 어쩌다 한번 와서 격려와 지원의 '말씀'을 남기고는 몇 년 동안 나타나지 않는 경우가 많다. CEO는 계속해서 주기적으로 지원 의사를 밝히고 격려해주어야 시스템이 잘 작동한다.

그런 점에서 지금의 디지털 전환은 과거 변화관리에 비해 CEO의 적극성과 참여도가 높은 편이다. 플랫폼 조직이 득세하는 현실에서 진짜로 바뀌지 않으면 기업 자체가 도산할 수도 있다는 생각을 CEO 스스로가 가지고 있기 때문에 성공 가능성이 큰 것이다.

효율적 경영 변화 전술

그렇다면 효율적으로 경영 변화를 일으키기 위해서는 어떻게 해야 할까? 전술적인 요령을 살펴보면, 우선 변화는 정기적으로 일어나야 한다는 것이다. 단속적으로 1년에 한 번 갑자기 일어나는 게 아니라 지속적으로 강화해야 한다. 하늘에서 떨어지는 만병통치약이나 놀라운 화타 같은 기적은 없다. 끈기 있게 계속해서 강화해주고 처리해주는 수밖에 없다.

또한 변화를 위한 신속한 타격이 필요하다. 문제가 생겼으면 더 이상 문제가 커지지 않도록 빨리 처리해야 한다. 그리고 장기적 변화는 지속 가능해야 하며, 저항이나 저하, 회귀를 감지하고 계측해서 대응할 수 있어야 한다. 문제가 생겼을 때 다시 이전으로 돌아가야 한다는 의견을 따르다 보면 전체적인 조직 변화의 진행이 늦어지게 된다.

마지막으로 모든 방법은 확장 가능해야 하고, 여러 종류의 문화나 국가에 적용이 가능해야 한다. 일본 소프트뱅크 그룹의 손정의 회장이 미국의 주요 텔레커뮤니케이션 업체인 버라이즌Verizon을 인수해서 조직을 변화 관리하자 몇 달 만에 적자가 흑자로 전환한 사례가 있다. 실로 손정의 회장은 조직을 변화시키는 일에서는 타의 추종을 불허하는 전문가라 하겠다.

우리나라의 기존 기업들도 다른 나라로 진출해서 조직 전환하는 일을 잘한다. 훌륭한 기업들은 그렇게 해야만 확장하고 성공할 수 있다.

전형적 목표와 현실 목표를 함께

이제 성공적인 디지털 전환의 특성이 무엇인가를 살펴보자. 성공적으로 변화하려면 기본적으로 전형적 목표가 성공적으로 정의되고 적용돼야 한다. 구성원 모두가 일관된 목표가 무엇인지를 알고 있어야 한다. 이와 같은 일은 실제로 너무나 흔하게 벌어지는데, 일례로 과거 국가적으로 '녹색경영'을 기치로 내건 적이 있었는데, 사실 당시에는 그것이 정확히 무엇을 의미하는지가 모두에게 잘 공유되지 않았다. 정확히 '녹색'을 지향한다는 것이 무엇인지, 그때그때 정의가 달라져 혼란스러웠던 기억이 있다.

그리고 성공적 변화를 위해서는 전형적 목표와 함께 현실 목표를 세워야 한다. 경영진과 고용인들을 계속해서 지원해주고, 변화 상태를 끊임없이 계측해줘야 한다. 우리가 체중을 관리할 때 매일 체중을 재지 않으면 도로 살이 찌기 쉬운 것처럼, 계측은 계속 강화해줘야 한다.

또한 협력하는 제도를 만들어서 서로가 도와야 하고, 변화에 대한 정보 공유가 있어야 한다. 변화에 대한 긍정적 피드백을 공유하다 보면 과거로의 회귀가 자연스럽게 저지되는 효과가 있다. 반면 공유가 안 될 때는 작은 문제라도 생기면 슬그머니 과거 프로세스를 가져다 쓰게 된다. 한쪽이 그렇게 하면 전체가 후퇴한다. 따라서 어떤 부분에 문제가 발생하면 빨리 알아채고 조치를 취하도록 현재 진행 중인 변화에 측정을 도입해야 한다. 퍼포먼스의 저하를 사전에 줄여줘야 한다는 것이다.

그리고 변화의 혜택을 인지시키고 모두가 현재의 변화 상황을 알 수 있도록 해야 한다. 만약 5년 계획으로 디지털 전환을 하는데 마지막 5년째 되는 해에 변화가 전면적으로 발생하므로 그때까지 참으라고 한다면 누구도 참을 수 없을 것이다. 중간 단계마다 어떤 부분적 변화가 있어 모두를 나아지게 해야 한다. 그래서 애초에 데이터 전환을 계획할 때 의도적으로 중간 단계에서 한 번씩 작은 변화를 느낄 수 있게 해야 한다. 윤석열 정부의 디지털 플랫폼 정부 사업에서 2년 차에 성과를 내는 선도과제 같은 사례가 매우 좋은 예가 되겠다.

작은 성취는 소규모 조정으로 초기 성과가 명확하게 보일 수 있는 부분에서 접근할 수 있다. 예를 들어 업무의 단순화 또는 제거로 그동안의 쓸데없는 일들이 줄어드는 식이다. 그리고 눈앞에서 당장 생산성 증가가 나타나면 장기적 계획도 무리 없이 진행할 수 있다. 그다음으로 업무관리의 향상, 즉 더 나은 계획으로 노동력이 좋아지는 것, 일하기가 편해지는 것을 보여줄 필요가 있다. 당연히 자동화가 더 많이 되면 기업의 수익이 증가할 것이다.

성공적인 디지털 전환은 조직을 간략화함으로써 경영 및 직원 채용에서의 효율성도 높인다. 고객이나 공급자 관리도 향상되어서 고객과 공급자가 더 만족해하는 모습을 보이게 된다. 그리고 고용인들의 의욕 또한 향상되는 걸 볼 수 있다. 대표적인 것이 인력교체 감소로, 이직하는 사람이 없어진다는 것이다. 이직이 없으면 당연히 생산성이 향상되는데, 미국의 우체국인 USPS[US Postal Service] 사례가 이를 잘 보여준다. USPS에서는 목적지를 스캔하던 단순 작업을 광학 스캐너를 통해서 훨씬 간단하게 바꿨다. 사실 스캔하는 게 힘든 노동이었는데, 이것을 기계의 몫으로 전환했더니 일이 간편해져 이직이 줄고 생산성 또한 높아졌다고 한다.

조직의 일이 현재 어떻게 진행되고 있는지 계측이 가능해지면 계측은 사람들의 행동을 촉발할 수 있다. 부모가 자식의 감기를 치료할 때를 생각해보자. 현재 열 상태가 어떠한지 등 신체의 여러 증상을 체크하면 회복을 촉진해줄 수 있다. 즉 계측을 통해 어떻게 이겨내야 한다는 방안을 설명하는 것만으로 사람은 바뀌고 훨씬 더 적극적인 행동을 하게 된다.

계측 과정을 구성할 때는 기술, 비즈니스, 정치적 목적을 명확히 하고, 계측의 기준이 무엇인지, 언제 누가 어떻게 강화할 것인지 등의 계획을 명확하게 세워야 한다. 경영의 귀재라 불리는 피터 드러커는 이렇게 말한 바 있다.

"계측되지 않은 것은 통제될 수 없다."

또한 집중해야 하고 일관성이 있어야 한다. 변화관리는 하나의 중심으로 집중화된 소통 체계를 유지해야 한다. 정치 캠프에서도 각자가 다른 이야기를 하면 일대 혼란이 일어나므로 언제나 대변인 체제를 두어 메시지를 통일하는 것처럼, 변화관리도 마찬가지다. 각 부서가 따로따로 발언하면서 일관된 흐름을 갖지 않으면 모든 것이 흐트러지게 된다.

집중되지 않으면 여러 채널에서 원래 기준의 자의적 해석들이 다른 시그널을 주게 되는 법이다. 따라서 시그널을 단순화하고, 단독 채널에서 일관된 메시지, 원칙이 전달되도록 해야 한다.

경쟁력 원천 요소에 집중할 것

변화관리의 사례로 헬스 계측기구를 만드는 미국 엘리어 Alere의 경우를 살펴보자. 엘리어는 연매출 30억 달러 정도의 의료 진단장비 제조업체인데, 데이터 분석 기반 혁신을 꾀해 중점사항으로 협력사에 혁신의 이점을 이해시키고 변화에 동참하도록 했다. 벤더vendor들이 함께 해줘야 효율이 오르기 때문이다.

이때 데이터베이스 체계를 일원화시키고 마케팅 전문 기업의 도움을 받는 등 투자 효과를 극대화하기 위한 노력을 대대적으로 기울였다. 그 결과, 협력사 데이터 제출 노력을 평가하는 점수 카드제를 도입해서 데이터를 자꾸 맞추다 보니, 같은 데이터베이스 구조를 공유하게 되면서 업무처리 시간이 40퍼센트나 단축되었다. 엄청난 효율이 발생한 것이다.

그러고도 회사는 계속해서 월 500시간 이상을 데이터 정리와 처리에 할당했다. 가만히 놔두면 또 슬그머니 각자의 편의대로 조금씩 고칠 수 있기 때문이다.

컴퓨터 오퍼레이팅 시스템으로 유닉스 시스템이 있다. 유닉스 시스템은 유닉스 재단이 수백억의 돈을 주고 산 것으로, 누구나 사용 가능한 시스템이다. 그런데 왜 유닉스 재단이 공짜인 유닉스 시스템을 거액을 들여 구매했을까? 재단 입장에서는 소위 '잡버전'이 많아지면 복잡한 여러 충돌 문제가 생기기 때문이다. 그래서 통합해서 일원화하는 수밖에 없었다. 공짜인 오퍼레이팅 시스템도 이러한데, 기업 안에서 데이터가 통합되지 않으면 복잡한 문제가 생기기 마련이다.

엘리어는 가격 최적화, 마케팅 캠페인 전략, 마진 평가 등의 혁신을 통하여 과거 구태의 프로세스를 버리고 혁신에 성공했다. 결과적으로 엘리어는 경쟁력의 원천이 되는 요소에 집중하여 비즈니스 모델을 개발하고 경쟁자와 경쟁하라는 인사이트를 우리에게 남겼다고 하겠다.

'제대로 미친' 기업만이 살아남는다

디지털 시프트

이제부터는 디지털 전환이라는 거대한 변화, 그것이 나아갈 방향에 대한 제안을 해보겠다.

먼저 디지털 시프트digital shift를 추진해야 한다. 미국 은행들의 디지털 시프트를 살펴보면, JP모건이나 골드만삭스 등 미국 내 주요 대형 은행과 금융사들은 이미 IT기업으로 정체성 변화를 선언했다. JP모건의 CFO 마리안 레이크Marianne Lake는 이렇게 말했다.

"우리는 테크놀로지 기업이다."

JP모건이 더 이상 금융회사가 아니라는 것이다.

얼마 전 국내 신한은행 대표도 모 일간지와의 인터뷰에서 "금융은 살아남겠지만 은행은 살아남지 못할 것"이라고 했다. 신한은행은 자체 비전에서도 '은행' 개념을 제외했다. 금융 서비스 기업으로 수익을 많이 내면 되지, 은행이라는 개념 자체에 집착할 필요가 없다는 것이다. 흑묘백묘黑猫白猫론이라고 했던가, 검은 고양이든 흰 고양이든 쥐만 잘 잡으면 된다고 했던, 중국의 덩샤오핑이 취한 경제정책처럼 '실리'가 중요하다는 것이다.

미국 은행들도 기술혁신 투자를 확대하고 IT 인력을 확보하는 등 디지털 시프트 전략을 적극적으로 추진 중이다. 예전의 딜러들을 거의 IT 인력으로 교체했다고 하니, 기업 정체가 금융회사인지 IT 회사인지 모르게 된 것이다.

현재 많은 금융회사가 정보통신기업을 인수하고 있다. IT 사업 프로젝트에 투자하고 IT 인력을 충원해서 조직 개편에 힘쓰고 있다. 리테일 뱅킹의 디지털 역량을 강화하고 AI 및 머신러닝 도입을 강력히 추진하고 있다.

한편 미국 금융사들은 IT업계가 금융업에 진출하는 것을 막기 위해 노력한다. 그래서 대형 IT 기업의 은행업 진출 방어를 위해 IT 기반 강화를 꾀하는 것이다. 그 노력이 성공하려면 금융업이 아닌 IT 기업의 관점에서 접근함으로써 적극적인 디지털 시프트 전략을 추진하는 것이 중요하다.

비유기적 성장과 전사적 커뮤니케이션

디지털 전환이 나아갈 방향 두 번째는 비유기적 성장이다. 비유기적 성장이란 간단히 말해 외부에서부터 오는 성장이다. 유기적 성장이 내부에서 키워지는 것이라면, 비유기적 성장은 금융 기업들이 빠른 변화를 위해서 외부에서 성장 동력을 흡수하는 것이다. 신속한 움직임을 위해 과감하게 외부의 것을 들여오는 것이다.

현재 금융기관들이 디지털 역량을 갖춘 핀테크 스타트업들을 엄청나게 인수하고 있다. 다음 표에서 좌측에 등장하는 금융기관들이 많은 IT 기업을 인수한 금융기업들이다. 특정 기능을 가진 기관들을 인수함으로써 변화를 준비하고 있는 것을 알 수 있다.

그리고 조직 내 커뮤니케이션은 명확하고 집중된 전사적 커뮤니케이션을 해야 한다. 여러 채널에서 자의적 해석

	인공 지능	서비스형 뱅킹	대출/신용 거래	온라인 뱅킹	결제	개인종합 자산관리	프라이싱 툴	부동산	학자금 대출	트레이딩	부 관리
BBVA 컴파스				심플, 홀비	오픈페이			마디바			
골드만 삭스			파이낸스잇, 파이널								어니스트 달러
BNP 파리바				꽁뜨니켈							갬빗
캐피탈 원						파리버스, 레벨머니					
JP모건 체이스					MCX, 위페이						
앨리 파이낸셜										트레이트킹	
크레디트 스위스			트레이드 플러스								
퍼스트 리퍼블릭 은행									그래디피		
실리콘 밸리 은행		스탠다드 트레저리									
토론토 도미니언 은행	레이어6										

외부로부터의 확장을 꾀하는 기업들[32]

들이 서로 다른 시그널을 주지 않게 하려면, 변화관리는 하나의 집중화된 소통 체계를 유지할 필요가 있다.

예컨대 올해 변화 목표 항목을 100개, 200개 잡는 회사들이 있는데 그렇게 해서는 안 된다. 100개, 200개를 누가 기억하겠는가. 만든 사람도 기억하지 못할 것이다. 메시지는 명확해야 모두가 이해할 수 있다. 그리고 세부적인 사항은 전문가만 알면 된다. 그런데 기어코 몇 백 페이지의 계획 문서를 만든다면 실패할 수밖에 없다.

실패한 시스템 도입은 IT 도입의 실패라고 하는데, IT 도입은 간단해야 한다. 도입을 위한 문서 내역이 몇백 페이지에 달한다면, 그것이 실패의 주요 원인일 가능성이 매우 크다. 확실히 시그널을 단순화하고, 단독 채널에서 일관된 메시지, 원칙이 전달되도록 해야 한다.

디지털화 수준에 맞는 조직문화 구축

디지털 전환이 나아갈 그다음 방향은 디지털화 수준에 맞는 조직문화 구축이다. 결국 조직문화가 유연하고, 의사결정이 빨라야 한다는 것이다.

신한은행의 조직개편 사례를 보면, 2019년에는 전반

적인 조직 통합을 통한 효율적인 의사결정 체계를 구축했다. 영업기획그룹과 영업추진그룹을 통합하고, 내부 본부 16개를 6개로 줄였다. 상무, 본부장 수도 58명에서 47명으로 줄이고, 부행장·부행장보를 포함한 총임원 수도 77명에서 67명으로 감원했다.

그리고 2020년에는 책임경영 강화 및 수평적 소통 효율화를 목적으로 부행장→부행장보→상무까지의 3단계 의사결정을 부행장→상무까지의 2단계로 낮췄다. 사실상의 조직 비효율은 복잡한 의사결정 단계에서 발생하기에 과감한 생략이 필요하다고 하겠다. 또한 신한은행은 이때 데이터 전략 수립과 그룹 내 공동사업 발굴을 위한 빅데이터 부문을 신설했다. 디지털화를 향한 확실한 발걸음이 아닐 수 없다.

다음은 구글 사례다. 구글은 2016년에 사내벤처 인큐베이팅 프로그램인 '에어리어 120Area 120'을 만들었다. 구글 임직원들에게 벤처 창업을 독려하는 제도로, 혁신적 아이디어를 가진 직원들이 퇴사하지 않고 사내에서 창업할 수 있게 한 것이다.

사업계획 통과 시 해당 직원은 기존 업무에서 완전히 빠지고 새로운 프로젝트에 집중하는 것이 가능하며, 구글은 그에게 사무실을 제공하거나 회사 설립을 지원해준다. 그리고 구글은 초기 투자자로 서비스 출시와 홍보까지 떠맡는다. 최근에는 우리나라의 많은 조직, 예를 들어 LG전자나 신한은행, MBC까지 이와 같은 프로그램을 만들었는데, 경진대회를 통해서 선발된 팀을 독립적인 조직으로 지원해주는 것이다.

세계적인 인기를 끌고 있는 포켓몬고Pokemon GO의 개발사 나이언틱랩스Niantic Labs는 2010년에 구글 사내 스타트업으로 시작해서 2015년에 분사한 회사다. 구글 뉴스, 지메일, 애드센스 등 구글 핵심 서비스 역시 에어리어 120에서 탄생했다. 혁신적인 조직은 이렇게 독창적이고 독립적인 의사결정제도 아래서 나오는 것이다. 기존의 조직이 커지면 혁신성을 상실하는데, 이때는 조직을 분사해서 혁신해야 한다.

성과 공유 인센티브, 사내 창업 독려 제도 등을 통한 과감한 도전, 강력한 실행을 유도하는 것…. 이처럼 지금의 조직은 디지털 전환에 맞는 과감한 혁신을 이뤄내야 한다.

“기계를 활용할 줄 아는 인간만이 살아남는다”

바야흐로 피플 트랜스포메이션people transformation, 즉 인간 전환이 화두다. 앤드루 맥아피 하버드대 교수와 에릭 브린욜프슨 스탠퍼드대 교수가 공저한 『기계와의 경쟁』이라는 책은 이에 대한 문제의식을 담은 것이다. 현재 AI가 사람을 대체하는 세상에 대한 두려움, 위기의식이 대두되고 있는데, 이 책의 결론인즉 “기계를 활용할 줄 아는 인간만이 살아남는다”라는 것이다.

미래에 진짜로 기계가 인간을 대체할 가능성은 남겨두었지만, 당분간은 기계를 활용하는 인간에게 주목해야 한다는 것이 책의 요지다. 따라서 인간과 컴퓨터의 조합이 훨씬 더 유리할 수 있다. 최근에도 사람과 컴퓨터의 어떠한 조합도 가능한 프리스타일 체스에서 ‘사람+기계’ 팀들이 가장 강력한 컴퓨터에 승리했다.

기계는 그 자체보다 인간이 제대로 활용할 때 진정한 시너지가 나는 법이다. 그래서 이제부터는 기술을 제대로 활용할 줄 알고, 이를 통해 참신한 전략을 짤 수 있는 인재들이 세상을 지배할 것이다. 단순 암기나 저장처럼 기계가 잘하는 것은 기계에게 맡기고 인간은 인간만이 할 수 있는 영역에 집중해야 한다. 새로운 문제에 대해 의사결정하는 능력이 필요하다고 하겠다. 그럼에도 현재의 교육 시스템은 시대에 뒤처진다. 교육 내용의 70퍼센트가 기계에게 유리한 영역이라니, 너무나도 시대착오적인 교육 시스템이 아닌가.

그래서 이 대목에서 디지털 전환이 나아갈 방향을 제안한다면, 리테일 인력에 대한 재교육을 통해 디지털 역량을 강화해야 한다는 것이다. 예를 들어 은행의 경우, 고객을 지점에서 응대하는 인력이 점점 필요 없어지는 상황이다. 그렇다면 기존 인력들을 어떻게 할 것인가? 평범한 리테일 인력이 로보어드바이저 같은 기계와 결합한다면 최고 투자 전문가로 거듭날 수 있다.

은행의 핵심 금융기능을 표준화하는 오픈 뱅킹open banking도 마찬가지다. 생산성을 올려서 노동자가 필요한 서비스를 할 수 있도록, 필요한 인력으로의 전환을 도와주어야 한다. 이처럼 사람과 기계의 새로운 공존방식을 디지털 전환이 나아갈 방향으로 제안하는 바다.

성과 측정 기준	디지털 후발기업 (하위 25% 기업)	디지털 선도기업 (상위 25% 기업)
3년 평균 총 이윤	37%	55%
3년 평균 세전이익	11%	16%
3년 평균 순이익	7%	11%

디지털 전환 선두기업과 후발기업 간의 성과 차이

(출처: 하버드 경영연구원)

'미친' 듯한 헌신과 집중

상단의 표는 디지털 전환의 선두기업과 후발기업 간 3년 동안의 성과 차이를 표시한 것이다. 평균 총이윤은 37퍼센트 대 55퍼센트, 세전 이익은 11퍼센트 대 16퍼센트, 그리고 평균순이익은 7퍼센트 대 11퍼센트로 50퍼센트 수준의 상당한 퍼포먼스 차이를 보이고 있다.

이와 같은 차이가 계속 벌어진다면, 어느 시점에서 후발 기업 중에는 살아남지 못하는 기업이 생길 것이다.

결국 살아남는 미래 기업이 되려면 디지털 전환을 향한 절실한 발걸음을 내딛을 수밖에 없다. 디지털 전환은 이제 생존의 문제라고 할 수 있다.

스티브 잡스는 실로 많은 명언을 남겼지만, 다음 명언은 그중에서도 강렬한 메시지가 아닐 수 없다.

> "세상을 바꿀 수 있다고 생각하는 제대로 미친 사람들이 세상을 변화시킨다."

스티브 잡스가 하는 이야기들은 생각보다 일관되고 대단히 단순하다. 세상의 룰은 스스로가 만들어야 한다는 것. 실로 당시 혁신을 이끌었던, 마치 스티브 잡스를 교주로 하는 종교집단과 같이 일에 미쳤던 애플 집단이 지금 우리 시대를 IT 시대로 바꿔놓은 것이다.

디지털 트랜스포메이션은 분명히 스티브 잡스식의 '미친' 듯한 헌신과 집중이 있어야만 실현되는 것이라고 생각한다. 그래서 어렵고, 그래서 힘든 길이지만, 그래도 가지 않을 수 없는 길이다. 그러니 어떻게든 극복해나가야 하지 않겠는가.

Q 묻고 답하기 A

빅데이터는 디지털 전환의 성공에서 어떤 역할을 하는가?

지금의 디지털 전환은 기존의 비즈니스 프로세스 리엔지니어링과 다른 면이 하나 있는데, 그것이 바로 데이터 통합이다. 디지털 전환을 하려면 데이터를 결합하고 그것을 처리하는 과정이 자연스럽게 모든 면에서 가능해야 한다. 사실은 그것이 빅데이터이고, 데이터 분석digital analytics이다.

앞서도 언급했듯, 뉴욕에 있는 애플스토어에 가서 애플 컴퓨터를 사고자 하면 주문은 인터넷으로 해야 한다. 주문이 중앙 시스템으로 들어가야 하기 때문이다. 이게 없이는 디지털 전환이 되지 않는다. 외부 오프라인에서 처리하고 통합되는 과정이 자연스럽지 않으면, 그것은 진정한 디지털 전환이 아니다. 모든 오프라인 활동도 디지털화가 되어야만 디지털 전환이다. 모든 것이 데이터로 들어가야 변화가 일어난다는 관점으로 보면 좋을 것 같다.

디지털 전환 과정에서 겪는 부작용은 없는가?

속도를 강조하다 보면 부작용은 발생한다. 하나의 목표를 달성하려고 하면 다른 목표가 희생되는 트레이드 오프trade off가 일어날 수밖에 없다. 그래도 속도를 내야 하는 이유는 과거에 비해 지금은 속도가 가장 중요한 성공 요인이기 때문이다.

현재 속도로 인해 기업이 겪는 부작용을 줄이기 위

한 핵심적 조치가 '빠른 의사결정'이다. 과거에 일반기업이 5주 정도 걸리던 의사결정이 지금 네이버 같은 인터넷 기업의 경우 며칠이면 해결된다. 의사결정만 빠르게 이루어지면 그다지 우려할 만한 부작용은 발생하지 않는다.

시장에서 고객이 어떻게 움직일지 아는 사람은 아무도 없다. 빨리 움직이는 기업만이 성공한다는 것을 명심해야 한다.

챗지피티(ChatGPT)와 같은 생성형 AI 기술 도입이 디지털 전환에 어떤 영향을 끼칠까?

새로운 기술을 도입하는 영향은 늘 예단하기 어렵다. 그레이엄 벨이 전화기술을 개발했을 때 투자를 거부한 금융가가 "누가 보지 않고 말하는 전화기를 쓰겠는가?"라고 말했다는 유명한 일화처럼, 새로운 기술을 사람들이 어떻게 받아들일지는 예측 불허이다.

그러나 일단 예견된 것과 같이 상대적으로 단순한 사무직은 빨리 자동화되고 AI로 대체될 것으로 보인다. 역사적으로 블루칼라의 일은 자동화되면서 효율이 많이 향상된 것에 비해 화이트칼라의 일은 그렇지 못했는데, AI의 등장과 함께 작업 생산성이 높아질 수 있을 것으로 보인다. 시간이 많이 드는 단순 리서치 같은 일들을 AI가 덜어줄 수 있기 때문이다. 실제로 AI의 도움으로 기자나 변호사의 1년 차 일과 같은 단순 잡일이 줄어들고 있다. 다만 이에 앞서 '기계와 같이 일하는 법'을 제대로 고민하고 생각해봐야만 제대로 생산성을 향상할 수 있을 것이다.

4부

디지털 네이티브를 사로잡는 리더십

구글이 모두에게 사랑받는 기업이 된 것은 '사악해지지 말자(Don't be evil)'는 그들의 가치 때문이었다. 혁신의 궁극적인 비전은 결국 가치를 극대화하는 것이다. 지금 잠시 탐욕에 취해 있는 기업은 그것이 기업의 궁극적 가치를 줄이는 행위라는 것을 성찰해야 한다.

가치를 소비하는 디지털 네이티브의 등장

MZ세대가 중요한 이유

지금 우리 사회에서 가장 주목받는 세대는 MZ세대다. 모든 기업의 초미의 관심사가 어떻게 하면 MZ세대의 마음을 사로잡을 것인가 하는 데 쏠려 있다. 따라서 기업들은 그들의 가치관을 배우고 그들의 라이프스타일을 이해하고자 노력하는 중이다.

그럼 MZ세대는 누구인가? MZ세대는 1980년대 초반부터 2000년대 초반까지 출생한 밀레니얼 세대와 1990년대 중반부터 2000년대 초반까지 출생한 Z세대를 통칭하는 말이다. 이들은 IMF와 사스, 세계 금융위기, 신종플루, 게다가 코로나바이러스까지 우리 사회의 거대한 위기를

순위	남성			
	19~24세	25~29세	30~34세	35~39세
1	토스	배달의민족	배달의민족	쿠팡
2	배달의민족	카카오T	쿠팡	밴드
3	네이버 웹툰	네이버 지도	네이버 지도	배달의민족
4	페이스북	쿠팡	카카오T	네이버 지도
5	카카오T	인스타그램	인스타그램	11번가
6	인스타그램	토스	카카오뱅크	당근마켓
7	Messenger	당근마켓	당근마켓	T맵
8	네이버 지도	카카오뱅크	밴드	카카오T
9	쿠팡	페이스북	토스	카카오뱅크
10	디스코드	네이버 웹툰	11번가	카카오스토리
순위	여성			
	19~24세	25~29세	30~34세	35~39세
1	인스타그램	인스타그램	인스타그램	쿠팡
2	배달의민족	배달의민족	배달의민족	밴드
3	쿠팡	쿠팡	쿠팡	배달의민족
4	토스	네이버 지도	네이버 지도	카카오스토리
5	네이버 지도	카카오T	카카오T	당근마켓
6	카카오T	당근마켓	당근마켓	11번가
7	스노우	카카오뱅크	카카오뱅크	인스타그램
8	넷플릭스	넷플릭스	밴드	네이버 지도
9	네이버 웹툰	스노우	11번가	위메프
10	지그재그	페이스북	티몬	해피포인트

남녀 MZ세대가 많이 설치한 앱 순위. 전 연령대의 설치수가 많은 앱(카카오톡, 네이버, 유튜브 등)은 제외했다.[33]

몸으로 겪은 세대로 미래보다는 현재를 중요시하는 삶의 태도를 갖는다. 최선보다는 최악의 시나리오에 익숙해지다 보니 '우리'보다는 '나', 거창한 꿈이나 불확실한 미래보다는 현재의 만족을 중시한다.

MZ세대가 중요해진 이유는 확실히 그들의 경제력 때문이다. MZ세대의 소비력은 계속해서 급성장하는 중이고, 앞으로 10~15년 후에는 핵심 경제 주체로 성장할 것으로 예상된다. 그래서 MZ세대를 지금 사로잡지 못한 기업은 10년 뒤에는 살아남기 힘들다고 보는 것이다.

사실 MZ세대에게 가장 먼저 접근한 것은 인터넷 뱅킹이다. 미국의 금융 기업들이 선도적으로 MZ세대를 공략했는데, 우리나라 은행들이나 금융계는 그 흐름을 타는 데 조금 느긋한 면이 있다. 남녀 MZ세대가 많이 설치한 앱 순위를 보여주는 왼쪽 표에 따르면, 토스나 카카오 같은 소위 인터넷 뱅킹 회사의 앱이 MZ세대에게 압도적인 인기를 누리고 있음을 알 수 있다.

이렇듯 모두가 카카오페이 등의 인터넷 뱅킹을 이용한다면, 10년 후쯤 기존 은행을 이용하는 사람이 누가 있을까? 이는 상당히 심각하게 받아들여야 하는 문제다. 온라인 은행인 카카오뱅크와 KB 등의 기존 오프라인 은행들을 비교한다면 지금 10대, 20대 젊은 세대의 선호도에서 극명한 차이가 발생한다. 오프라인 은행은 현 상태로의 생존이 미래에는 매우 위태롭다고 하겠다. 다행히 기존 은행들도 이를 인지하고 대응에 활발히 나서고 있다.

디지털 네이티브, MZ세대의 5가지 특징

MZ세대의 특징은 일단 실리적이라는 것이다. 로열티보다는 가성비, 즉 가격 대비 높은 품질을 추구한다. 일반적으로 우리나라 사람들은 중고제품을 싫어했는데, 최근에는 추세가 달라졌다. 요즘 들어 중고제품을 많이 쓰면서 당근마켓이 인기다. 미국의 경우, 원래도 이베이 같은 오픈마켓이 인기였지만, 현재 놀라울 정도로 중고품 마켓이 인기다. 중고 의류를 파는 기업들, 트로브Trove 등의 기업들이 조 단위의 유니콘 기업이 되고 있다.

그리고 MZ세대의 두 번째 특징은 투자에 민감하다는 것이다. 이들은 부동산, 가상화폐 등에 공격적 투자를 한다. 사실 이는 안타까운 얘기일 수 있다. 미국과 우리나라의 MZ세대는 기대수익 면에서 전 세대보다 못살게 된 첫 세대가 될 것으로 보인다. 그렇다 보니 공격적 투자를 할 수밖에 없는 측면도 있다. 기성세대의 부를 따라잡을 방법은 공격적인 투자밖에 없는 것이다.

MZ세대의 세 번째 특징은 가치 소비를 한다는 것이다. 실리를 추구한다고 했지만, 더불어 신념을 소비한다. 이렇듯 자신의 신념에 따라 소비하는 것을 미닝아웃meaning out이라고 한다. 대표적으로 지속 가능한 발전을 내세우는 ESGEnvironment, Social, Governance 기업을 지지하며 그들에게 보상한다. 정당한 기업, 옳은 일을 하는 기업들을 응원하는 것이다.

MZ세대는 기부 상품 구매나 비건 동물보호, 선행 업체에 대한 적극적 구매 홍보 등의 적극적인 미닝아웃 소비를 많이 경험했다 SNS로 가장 적극적으로 가치 소비 활동과 주장을 펼치기도 했다. MZ세대 응답자 중 10명 중 8명이 가치 소비의 필요성을 역설한 만큼, 이는 MZ세대의 중요한 특성 중 하나다.[34]

MZ세대는 또한 에지edge 스타일을 추구한다. 자기중심적인 개성을 중시해서 나를 표현하는 데 많이 소비한다. 맥주를 마실 때도 꼭 브랜드 컵을 쓰는 등 개성을 드러내는

데 돈을 아끼지 않는다.

MZ세대의 마지막 특징은 디지털 네이티브digital native라는 것이다. 지금 세대들은 태어날 때부터 인터넷이 있었던 세대다. 온라인과 비대면을 오프라인이나 대면보다 선호하는 디지털 네이티브라는 것이 이들의 특징이다.

충성도 따위 상관 않는 MZ세대

MZ세대의 특징 5가지를 다시 하나하나 살펴보겠다. 먼저 실리적 측면이다. 가성비를 추구하는 MZ세대에겐 확실히 브랜드 로열티가 낮다. 가격과 품질 기반으로 좋은 것이 있으면 브랜드를 언제든 바꿔서 산다. 그리고 경제적 자유도가 높을수록 유료 플랫폼 결정 시 가격보다는 사용하기 편하고 직관적인 사용자 경험UX, User Experience, 사용자 환경UI, User Interface를 중시한다.

40대 후반, 50대만 해도 콘텐츠를 돈 주고 사는 게 아직도 어색한 게 사실이다. 인터넷이 처음 나왔을 때는 모든 콘텐츠가 무료였기 때문이다. 그런데 MZ세대는 플랫폼 서비스 등에 돈을 잘 쓰고, 콘텐츠 구입도 많이 하는 편이다.

그리고 2018년 갤럽 조사 결과, 밀레니얼 세대는 베이

비부머 세대보다 주거래은행을 교체하는 비율이 2.5퍼센트나 높은 것으로 나타났다. 베이비부머 세대는 3.6퍼센트인 데 비해 밀레니얼 세대는 8.4퍼센트로, 마음에 안 들면 쉽게 주거래은행을 바꾼다고 한다. '앱삭'이라는 말이 있다. 앱이 마음에 들지 않으면 가차 없이 삭제한다는 뜻이다.

구세대들은 무엇이든 한번 익숙해지기 힘들어서 익숙해지고 나면 충성도가 높은 편이다. 벌써 10년 가까이 된 게임을 아직도 계속하는 사람이 많다. 오래된 게임들이 아직도 수익이 나는 이유가 여기에 있다.

글로벌 마케팅 성과 측정 플랫폼인 앱스플라이어의 2020년 「리텐션 리포트」에 따르면, 2019년 9월에서 2020년 9월 사이에 앱 오픈 횟수는 30퍼센트 증가했으며, 앱 설치 30일 후에도 앱을 사용하는 로열 유저는 25퍼센트 증가한 것으로 나타났다. 반면 평균 앱 잔존율은 전 세계 평균 12퍼센트나 감소한 것으로 조사되었다. 갈수록 브랜드 로열티가 떨어진다는 것인데, 기업에게는 상당히 위험한 신호가 아닐 수 없다.

'돈쭐' 내는 '화이트 불편러'들

MZ세대에게 행복한 삶을 살기 위한 1순위 요소는 경제적 안정이다. 그러면서도 여유롭고 윤택한 삶을 위해 MZ세대의 3분의 2가 조기 은퇴를 희망한다고 한다. 이처럼 경제적 독립과 조기 은퇴를 원하는 세대를 파이어족FIRE, Financial Independence, Retire Early이라고도 부른다. 이들은 부동산, 가상화폐에 공격적인 투자를 하고, 가장 많이 참여하는 카카오톡 채팅방 주제는 일상부터 시작해서 경제 금융 그리고 게임순이라고 한다.

MZ세대는 소비 행위를 통해 자신의 신념이나 가치관을 표출하는 '미닝아웃'을 중시한다고 했는데, 그래서 SNS를 통한 소통 및 경험을 공유하는 일에 매우 친근하다. 성장관리 앱인 '그로우'의 2021년 조사에 따르면, MZ세대의 79퍼센트는 자신이 가치 소비자라고 인식한다. 내가 원하는 가치 있는 일에 자발적으로 돈을 쓴다는 것이다.

가치 소비자들의 새로운 문화가 이른바 '돈쭐' 문화다. 나쁜 사람을 혼쭐 내준다는 뜻을 뒤집어서 좋은 일에는 보상을 해줘야 한다는 뜻이다. 과거에는 나쁜 물품 구매를 거부하는 보이콧 운동이 소비자 운동의 대표적 행태였다면,

MZ세대는 직접 물건을 사서 영향력을 행사하는 바이콧 운동을 한다. 리서치 기업 엠브레인의 2017년 조사에 따르면, 누군가에게 도움을 줄 수 있는 제품이라면 가격이 비싸더라도 구매할 의향이 있는 MZ세대가 무려 68.1퍼센트에 달했다.

사회 부조리에 대해 정의로운 목소리를 내는 사람을 일컫는 신조어 '화이트 불편러'는 바로 MZ세대의 가치를 표현하는 것이다. 이들은 공정과 정의에 지극히 예민하며, 사소해 보이는 일이라도 사회적으로 나쁜 영향을 미친다면 소신 표현을 통해 문제를 제기하고 해결하고자 한다.

MZ세대는 사회적 약자와 소수자를 돕거나, 사회에 기여하는 행동으로 좋은 평가를 받는 점포나 기업의 제품을 적극 구매하고 공유한다. 이들에게 선행을 베푼 업주나 업체에 소비자가 적극적으로 구매하는 돈쭐 문화는 너무도 자연스러운 것인데, MZ세대는 구매뿐만 아니라 선물, 성금, 응원 전화 등에도 적극 동참한다.

선행으로 유명한 경기도 치킨집에 전국에서 주문이 쇄도한 일이 있는데, 그때 주문한 사람들은 다들 정작 주문만 하고 치킨 배달은 거부한 채 "치킨은 먹은 걸로 하겠습니다"라는 글을 올렸다. 또한 얼마 전 발생한 경기 이천시 쿠팡 덕평물류센터 화재 이후 온라인을 중심으로 '쿠팡 탈퇴'를 인증하는 글이 쇄도한 적도 있었다.

햄릿 증후군 그리고 '편리미엄'

MZ세대에겐 햄릿 증후군이 있다. 햄릿 증후군이란 여러 선택의 갈림길에서 결정을 내리지 못하고 뒤로 미루거나 타인에게 결정을 맡겨버리는 소비자 선택 장애를 뜻한다.

이처럼 MZ세대는 의사결정을 잘 못 하며, 개인의 선택 실패에 따른 오류를 싫어한다. 최대한 선택을 하지 않으려 하고, 귀찮은 일에 들어가는 시간과 노력을 줄이고자 개인화 서비스를 선호한다. 그래서 정교화된 맞춤형 큐레이션 서비스를 제공받을 수 있는 넷플릭스나 왓챠, 스포티파이를 선호한다.

다른 음원 서비스에 비해 20~30대 MZ세대에게 높은 지지를 받는 스포티파이는 상대적으로 비싼 요금에도 불구하고 29세 미만 이용자가 60퍼센트에 달한다고 한다. 사용자의 음악 청취 습관에 기반한 AI 방식과 전문가의 수동적 선곡 작업을 결합한 선호곡 추천 기능이 젊은 세대의 마음을 사로잡은 것이다. 스포티파이는 소비자들의 열렬한 호응을 받고 있으며, "스포티파이가 추천해준 주간 재생 목록은 헤어진 옛 애인이 만들어준 것 같다"는 찬사가 쏟아지고 있다. 귀찮은 일에 들어가는 시간과 노력을 줄여 보다 다양한 경험에 사용하는 것이 경쟁력이라는 MZ세대의 '편리미엄'이 작용한 결과다.

국내 기업들은 아무래도 데이터 부족으로 인해 개인화 서비스 발전이 더딘 듯한데, 적은 데이터로도 효율을 내는 방안을 고민해야 할 것이다.

흥미롭게도 MZ세대의 결정장애는 공개적인 질문으로도 많이 등장하는데, 예컨대 "나 어떻게 할까요?"라는 질문이 아주 많다. 하다못해 머리를 자를지 말지도 물어보는 식이다. 이는 실패에 대한 페널티가 많았던 문화의 영향이 아닌가 싶은데, 어쨌거나 지금 젊은 세대의 특징이라고 볼 수 있겠다.

편리미엄이 MZ세대에게 각광받음에 따라 불편함을 해결해주는 서비스나 생활밀착형 대행 서비스도 많이 생겨나고 있다.

유튜브 프리미엄이 인기 있는 이유는 유튜브 재생 전 짧은 광고 보는 시간을 불편해하는 소비자들이 많이 때문이다. 유튜브 프리미엄은 광고 없이 영상을 볼 수 있도록 과금하는 유료 서비스인데, 유저들은 일정 금액을 지불하고 시간을 절약하는 것이 더 좋다고 판단하는 것이다.

각종 심부름을 대행해주는 서비스들도 인기를 끌고 있다. 장보기나 조립, 설치, 반려견 산책, 줄서기 등의 자질구레한 생활 서비스를 대신해주는 '해주세요' 서비스는 출시 6개월 만에 누적 다운로드 수 50만 회를 달성했다. 빨래나 청소를 대행해주는 홈클리닝 업체나 분리수거 처리 업체들도 주목받고 있다. '불편함의 제거'가 돈을 지불하고 해결하고 싶은 큰 요소로 자리 잡은 것이다.[35]

콜포비아, 소셜포비아의 등장

MZ세대의 5가지 특징 중 마지막이 디지털 네이티브다. 이들은 그야말로 태어날 때부터 디지털에 익숙한 세대다. 내 아들만 해도 태어나서부터 스마트폰 콘텐츠를 보면서 자랐다.

온라인, 비대면을 선호하는 이들 세대를 일컬어 콜포비아 혹은 소셜포비아라고 한다.

콜포비아는 통화가 두려운 일종의 불안장애다. 스마트폰 상용화로 메신저나 문자는 익숙해진 반면 전화 통화는 어색해하거나 두려워하는 것이다. 그래서 전화로 상품을 권하는 서비스를 싫어하고, 전화보다 문자를 선호한다. 심지어 바로 앞 책상에 있는 친구와도 문자로 대화할 정도다. 소셜포비아도 마찬가지로 직접 공개적인 장소에 드러나는 것을 싫어하는 것이다.

알바천국 설문조사 결과, MZ세대 중 약 30퍼센트는 콜포비아를 겪는다고 응답했다. 구체적인 콜포비아 증상으로는 '전화를 받기 전 높은 긴장감이나 불안을 느낀다'는 응답이 가장 많았다. 콜포비아를 겪는 이유는 생각한 내용을 제대로 전달하지 못할 것이 걱정되거나, 문자 등의 텍스트 소통이 익숙해져서라는 이유가 가장 주요한 원인으로 꼽혔다. MZ세대 중 콜포비아를 경험하는 사람들은 모르는 전화를 받지 않거나 전화 전 대본 작성, 메일이나 문자 위주의 소통으로 두려움을 해결하고 있다고 밝혔다.[36]

2021년 리치앤코&오픈서베이 조사에 따르면, 수도권 거주 20~30대 남녀 직장인 2명 중 1명은 금융 서비스의 90퍼센트 이상을 언택트 방식으로 이용한다고 한다. 원하지 않거나 불필요한 사람들과의 접촉을 최소화하려는 성향을 보이는 것이다. 금융 기업들이 오프라인을 점점 줄이는 이유도 여기에 있다고 하겠다.

지금은 소비자 우위 서비스 시대

MZ세대를 사로잡는 디지털 전략

10년 후에도 살아남는 기업이 되기 위해서는 우리 사회의 주 소비자층인 MZ세대의 마음을 사로잡아야 한다. 어떻게 사로잡을 것인가. 앞서 살펴본 MZ세대의 5가지 특성에 맞춰서 디지털 전략을 세워야 한다.

먼저 실리적인 특성에 대한 전략으로, 고객의 편의성과 고객 경험을 극대화하는 직관적인 UX를 구축해야 한다. 그리고 투자에 민감한 특성에 대한 전략으로, 소액으로 간편하게 투자할 수 있는 서비스를 제공해야 한다. 가치 소비 특성에 대해서는 MZ세대와 공감하며, 가치 소비에 적극 동참해야 한다.

에지 스타일을 추구하는 특성에 대해서는 차별화된 맞춤형 상품과 서비스를 제공해야 한다. 예컨대 지금은 개그 코드까지도 각자의 취향대로 선택하는 시대가 아닌가. 마지막으로 디지털 네이티브 특성에 대해서는 강력한 단일 플랫폼을 중심으로 최적의 금융 상품과 서비스를 통합해야 한다.

하나씩 구체적으로 살펴보자. 첫 번째 전략은 직관적인 사용자 환경UX으로의 개선이다. 이제 몇 단계에 걸쳐 클릭하는 과거 형태의 유저 인터페이스로는 성공할 수 없다. 바로 싫증을 내고 나가버리기 때문이다. 전문가들은 카카오뱅크의 성공은 UX의 성공이라고 평가한다. 짧고 간결한 안내와 이미지의 효과적인 활용으로 사용자 편의를 극대화한 것이 주효했던 것이다. 카카오뱅크는 두 번 누르면 송금이 되는데 다른 은행은 다섯 번을 눌러야 한다면 MZ세대는 절대 복잡한 메뉴를 사용하지 않는다.

그리고 카카오뱅크는 긴 형태의 텍스트가 많은 금융 서비스의 단점을 반드시 읽어야 할 텍스트 강조 및 텍스트 최소화로 극복했다. 전체를 다 똑같은 글씨로 하는 게 아니라 줄일 것은 줄여서 잘 안 보이게 하는 방식을 쓴 것이다. 또한 Z세대 '앱삭(제)'을 방지하는 법을 만들었는데, 서비스 기업들이 제일 싫어하는 것이 고객들이 조용히 나가는 것이다.

기업의 데이터 분석을 할 때 서비스 기업이 가장 먼저 분석해주길 원하는 게 언제나 고객의 '서비스 사용 중 이탈churn-out'이다. 현재 수백만의 유저가 있는 게임회사 CEO도 말하길, 불만을 토로하는 유저보다 무서운 게 아무 말 없이 어느 날 조용히 나가는 유저라고 한다. '어느날 유저들이 다 조용히 나가버린 플랫폼을 보고 있는 악몽을 꾼다'는 그의 말이 매우 인상적이었다. MZ세대는 몇 번의 클릭도 귀찮아한다. 따라서 복잡하고 기능 많은 화면보다 직관적인 화면이 중요하다. 텍스트는 읽기 편한 사이즈여야 하며, 아이콘은 명확하고, 꾸밈은 지나치지 않아야 한다. 회원가입이나 결제 절차가 복잡하면 안 되고, 고객센터 연결이 바로 바로 되어야 한다.

이유 없이 아이콘의 순서를 바꾸거나, 잘 쓰던 기능을 없애거나, 잘 쓰지 않는 기능을 강화해서도 안 된다. 앱을 사용하기 위해 다른 앱을 깔라고 해서도 안 된다. 아무튼 클릭 수는 최소화한다. 길고 복잡한 프로세스를 거칠 때엔

중간 이탈을 하지 않도록 최대한 오류를 줄이고, 임시저장 기능을 넣는다.

카카오뱅크와 토스의 메인화면을 보면 상당히 단순한 것을 알 수 있다. 이에 비해 다른 은행들은 모든 메뉴를 노출해서 훨씬 복잡하다. MZ세대는 이처럼 단순하고 직관적인 UX를 선호한다는 점을 명심해야 한다.

실리성을 추구하는 MZ세대에겐 리뷰가 대단히 중요하다. 구글플레이 가이드에는, 사용자 리뷰에는 앱 개선을 위한 귀중한 피드백과 제안이 포함된다고 했는데, 이로써 제품 및 서비스를 개선하고 보다 성공적인 앱을 만들기 위해 투자해야 할 사업 부문을 파악하는 것이 가능해진다. 기업은 고객의 리뷰에 즉각적으로 반응해야 한다.

실제 리뷰가 긍정적일수록 다운로드가 많아지는 법이다. 흥미로운 사실 하나는 부정적인 경험을 했을 경우에 앱 리뷰를 많이 작성하고 그 임팩트가 훨씬 더 크다는 것이다. 2016년 번드 프릭Bernd Frick 조사에 따르면, 사용자의 65퍼센트가 부정적인 경험을 한 후 앱 리뷰를 작성하고, 49퍼센트는 긍정적인 경험을 했을 때 리뷰 작성을 고려하는 것으로 나타났다.

일을 직접 할 수 있도록 유도해야 한다.

사실 냉정히 말해 기업은 이익을 위해 가치 경영을 하는 것일 수 있다. ESG 키워드를 갖고 기업 이미지를 혁신함으로써 투자 효과를 얻을 수 있다. 하지만 MZ세대는 '돈쭐을 내줄 때는 해당 업체가 정말 진정성을 갖고 선한 행동을 한 건지, 시류에 편승해 마케팅 차원에서 흉내만 낸 것인지 등까지 꼼꼼히 살핀다'는 점을 명심해야 한다. 진정성 있는 전략이 필요하다고 하겠다.

고객은 '개인화 메뉴'를 좋아해

다음은 에지 스타일의 MZ세대를 위한 개인화 전략이다. 기존의 대량 공급 방식에서 벗어나 고객의 금융과 소비 행태, 사회적 정보 등 분석을 통해 개인별 차별화된 맞춤형 상품과 서비스를 제공해야 한다는 것이다. 이러한 개인화 역량이 미래 금융사의 중요한 경쟁력으로 작용할 텐데, 은행들은 이미 이 점을 간파하고 전략을 세우는 중이다.

사실상 메뉴 및 카테고리가 개인화 추천이 가장 필요한 영역이라고 할 수 있는데, 고객이 직접 메뉴를 고르게 하는 것을 맞춤화라고 하는 반면, 데이터 분석을 통해 기업이 메뉴를 차별화하는 것을 개인화라고 한다. 메뉴 구성과 정렬 순서의 개인화로 앱 잔존율과 전환을 향상시키는 것인데, 필요한 메뉴를 시각적으로 앞에 배치해야 편리하게 더 잘 쓴다는 것이다.

대표적으로 데이터 기반 개인자산관리서비스 업체인 뱅크샐러드의 경우, 상대적으로 부자 고객에게는 노후 관리나 연금 등의 메뉴를 앞으로 배치한 반면, 저소득층에게는 노후나 투자 관리 메뉴는 뒤로 배치한다. 그 대신 카드 추천이나 대출 향상, 보험 설계, 신용 관리 등의 메뉴를 전면에 배치한다. 모두에게 같은 서비스를 하는 것이 아니라 고객 맞춤형으로 차별화된 서비스를 하는 것이다. 이 같은 차별화 서비스는 우리나라뿐만 아니라 미국에서도 현재 트렌드가 되고 있다.

즉 복잡하지 않고 직관적이며 이해하기 쉬운 맞춤형 상품을 추천하고, 혜택을 직관적으로 노출한다. 고객은 "당신은 방금 얼마를 아끼셨습니다"와 같은 코멘트를 아주 좋아하며, 이런 구체적인 서비스에 대한 호응이 높다.

그리고 상품 가입 단계에서 앱 외부로 이탈되지 않고 앱 안에서 모든 것이 완료될 수 있도록 동선을 설계해야 한다.

고객은 앱을 들락날락해야 하는 번거로움을 싫어하기에 고객의 동선을 최대한 짧게 해야 한다.

고객의 요구를 묶고 또 엮어야

마지막으로 디지털 네이티브 특성을 갖는 MZ세대를 위한 디지털 전략이다. 지금까지는 은행으로부터 금융 서비스를 직접 구매하는 공급자 우위의 서비스였으나, 향후에는 은행이 고객에게 서비스를 비대면으로 제안하는 소비자 우위 서비스로 전환될 것이다.

현재 우리 사회는 점차 인구가 줄어들고 있다. 1971년생인 내가 태어난 해에 3년 연속 100만 신생아를 기록해서 가장 큰 인구 증가를 보였는데, MZ세대의 경우는 한 해에 태어난 인구가 40만까지 줄었다. 인구가 40퍼센트로 줄었으니 한 사람 한 사람의 고객이 소중해질 수밖에 없다.

이제 오프라인 경험을 최소화하고 온라인 단일 플랫폼에서 모든 것을 할 수 있도록 설계해야 한다. 그동안 공급자 위주로 구성되었던 은행의 모든 체계는 슈퍼앱super app의 등장으로 새로운 변신을 꾀하고 있다. 강력한 단일 플랫폼을 중심으로 최적의 금융 상품·서비스가 통합되는 '리번들

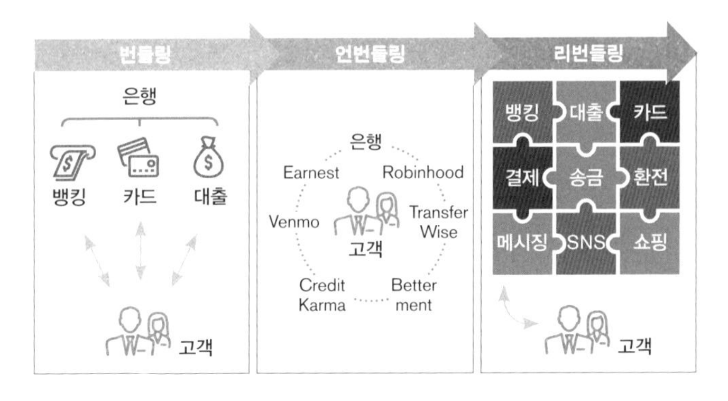

최적의 금융 서비스를 통합하는 과정[37]

링rebundling' 현상이 시작된 것이다.

과거에는 은행들이 '번들링bundling'이라고 해서 여러 개를 하나로 묶는 것을 좋아했다. 뱅킹, 카드, 대출을 각각 묶어서 주거래은행이 생기면 그걸 다 쓰게 만들어주었다. 그러던 것이 은행이 디지털화되면서 하나로 통합되어 있던 것을 다시 여러 개로 나누는 '언번들링unbundling' 현상이 발생했다. 그런데 지금은 개인화 서비스를 하면서, 하나의 은행이 고객의 요구를 전부 서비스하는 '리번들링'을 유도하고 있다.

리번들링을 통해서 은행은 고객에게 맞는 서비스 묶음

을 전체적으로 공급하고 패키지화하고 있는데, 이로써 기업 간 경쟁은 더욱 치열해지고 있다. 점차 고객이 귀해지다 보니 기업 입장에서는 훨씬 더 적극적인 마케팅 전략을 구사할 수밖에 없는 것이다.

과거에는 더욱 많은 고객을 확보해서 물건을 파는 게 중요했다면, 지금 시장에서는 새로운 고객을 데리고 오는 게 너무도 힘들어졌다. 예컨대 신문 하나를 구독시키려고 자전거 하나를 주는 세상이 아닌가. 그만큼 고객이 귀해진 지금, 매출을 증대하려면 어떻게 해야 할까?

객단가客單價 또는 ARPUAverage Revenue per User를 올리는 방식으로 매출을 증대하는 것이 매우 중요하다. 객단가란 고객 1인당의 평균 매입액을 뜻한다. 즉 기존 고객에게 관련 서비스를 더 많이 쓰게 하는 것이 마케팅의 중심이 되었다. 이 과정에서 발생하는 고객 불편 최소화 및 만족도 제고를 위한 노력이 필요하다고 하겠다.

리번들링을 잘 활용하는 토스뱅크의 슈퍼앱 전략을 보자. 토스는 증권, 뱅크 모두 별도의 앱 없이 기존 토스 플랫폼을 활용한다. 기존의 오프라인 은행들은 각각의 기능을 모두 따로 만들어서 시너지 효과를 얻지 못하는 반면, 토스는 슈퍼앱 전략으로 하나의 앱에서 모든 것을 가능하게 했다. 송금, 결제, 투자, 보험 등 고객이 필요로 하는 모든 금융 서비스를 토스 앱 하나로 제공하는 것이다.

금융과 관련한 서비스가 필요할 때 어렵고 복잡한 탐색 과정을 거치거나 고민할 필요 없이 토스에 들어오면 모든 것을 해결할 수 있게 만든다는 것이 토스의 목표다. 토스의 전략은 주효해서 기존 1800만 명의 사용자를 증권과 뱅크로 유치하는 데 성공했으며, 토스 증권 출범 5개월 만에 가입자 수가 400만 명, 한 달 순수 이용자인 MAU Monthly Active Users가 100만 명을 돌파하기도 했다.

토스는 정부 규제 대응책으로 2021년 4월에 고객 만족도 제고를 위한 별도 CS 자회사를 설립해서 보다 진취적인 서비스를 위해 노력하고 있다.

혁신의 궁극은 가치의 극대화다

'과거의 악순환'에서 벗어나야

전통적 금융기관의 일하는 방식은 한마디로 과거의 악순환들이었다. 다음은 그 악순환을 구성해본 것인데, 이를 보면 모든 것이 취약한 시장 대응력으로 귀결된다. 전통적 금융기관의 문화와 조직이 구축되면 보직자의 디지털 전문성이 부족해지고, 장기적 성과보다 단기적 성과를 중시한다. 그렇게 되면 실패에 대한 두려움이 커지고, 그때그때 바로 일어난 성과가 중요해진다. 그러다 보니 적극적인 도전을 안 하게 되고, 당연히 시장 대응력이 취약해진다.

다른 갈래를 보자. 전통적 금융기관의 문화와 조직이 구축되면 제너럴리스트를 선호하게 된다. 모든 것을 다 알거

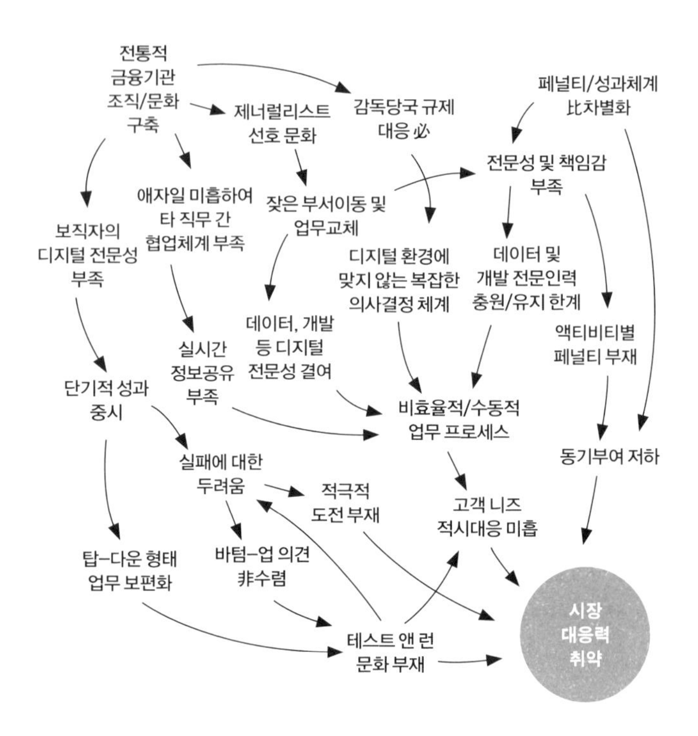

전통적 금융기업의 '일하는 방식' 악순환[38]

나 할 줄 아는 사람들을 찾는다. 이렇게 되면 잦은 부서 이동이나 업무 교체가 발생한다. 공무원이나 공기업 조직들이 이러한 형태로, 보직이 1년마다 바뀐다. 안 좋은 보직에 있는 사람들을 그런 식으로 달래는 것이다. 그런데 이런 잦은 교체는 직원에겐 좋을지 모르지만 고객이나 기업의 생산성 측면에서는 당연히 좋지 않다.

그래서 데이터 개발이나 여러 전문성이 필요한 분야의 효율이 떨어지고 수동적 업무 프로세스를 하게 된다. 이로써 고객 니즈에 대한 적시 대응이 느려지니 역시 시장 대응력이 취약해진다.

내가 보기에는 이 악순환에서 특히 제너럴리스트가 문제인 것 같다. 모두가 제너럴리스트가 될 필요는 없다는 말이다. 예를 들어 은행의 경우, 은행장은 제너럴리스트가 되는 게 좋다. CEO로서 모든 것을 이해하는 것이 능력이 된다. 또한 군대의 참모총장도 마찬가지로 제너럴리스트가 되어야 할 것이다. 모든 보직을 아우르는 능력이 필요하기 때문이다.

그런데 문제는 몇만 명이 모두 제너럴리스트일 필요는 없다는 것이다. 그중 몇 명이 은행장이 되고 참모총장이 되겠는가? 그런데 우리는 마치 모두가 CEO가 되고 참모총장이 될 것처럼 교육을 한다. 디지털 전환을 위해서는 이러한 과거의 관습을 벗어나야 한다. 그래야만 MZ세대에 대한 대응도, 퍼스널 서비스도 전문성을 가지고 할 수 있을 것이다.

디지털 혁신은 직진의 방향으로

지금 혁신에 대한 도전이 많이 일어나고 있다. 네이버와 카카오 등 인터넷 기업이 금융 산업에 진출하는 것에 대한 규제와 비난이 있는 것이 현실이다. 그런데 이러한 현실에서도 한 가지 분명하게 말할 수 있는 것은, 결국은 '갈 것'이라는 사실이다. 디지털 기업들이 세상을 지배해가는 지금의 현상이 뒤집히지는 않을 것이다. 한시적으로 견제는 할 수 있지만, 결국 인터넷 기업, 플랫폼 기업에 의해 디지털 혁신은 일어날 수밖에 없다.

혁신이 아직 일어나지 않은 금융 분야의 경우는 아직 문제의식이 약하고, 그래서 견제되는 측면이 적기는 하지만, 어쨌든 혁신은 활발히 진행되어야 한다.

바야흐로 혁신을 바라보는 새로운 관점들이 등장하고 있다. 우리 사회 경쟁법의 근거가 되는 헌법 119조 2항에서는, 자본주의 사회에서는 경쟁이 있어야 모든 국민의 효익이 늘어난다고 밝히고 있다. 그리고 효익이 늘어나야 국가적 성장과 안정을 꾀할 수 있다고 했다.

그런데 과거 정부가 셔틀버스, 타다를 금지할 때의 사유를 보면 정작 소비자는 논쟁의 중심에서 빠져 있었다. 당시에는 판매자 간의 충돌에만 주목했다. 새 서비스를 제공하는 사람과 구 서비스를 제공하는 사람들이 충돌하자 구 서비스를 제공하는 사람들을 보호해주는 것으로 새로운 서비스를 금지했다.

이때 판단 기준에서 가장 다수인 소비자의 권리는 등한시했는데, 이것이 법적으로는 문제가 없지만 사실은 경제학 원칙과는 상충되는 것이다. 국가 차원에서는 사회적인 후생, 부를 증가시키는 것이 제1의 목표가 되어야 하는데 그것이 간과되고 기존의 질서를 유지하는 것이 중심이 되었다.

벌써 수십 년 전 사례이기는 하지만 셔틀버스의 경우가 전형적인 규제다. 사연은 이렇다. 새로 생긴 아파트 단지에 전철역부터 주민을 실어 나르는 셔틀버스 서비스가 생기자 기존 마을버스 회사에서 소송을 걸었다. 사람들이 셔틀버스를 많이 이용하니 이용자 수가 줄어들었기 때문이다. 이 소송에서는 결국 마을버스 측이 이겼다. 역시 논쟁의 중심에 소비자는 없었는데, 이것이 현재까지 이어지는 관점이다.

그런데 이제 소비자 선택권을 중시하므로, 앞으로의 혁신은 소비자 중심의 결과로 나아갈 것이다. 사실 인터넷 기업은 부족한 점을 지적받거나 비난받았을 때 기존 기업보다 훨씬 잘 개선한다. 그러니 적절한 채찍을 휘두르면서도 디지털 혁신은 직진의 방향성을 가져야 할 것이다.

준비하는 자가 승리한다

디지털 전환을 이야기할 때, 결국 준비하는 자가 승리한다는 사실을 명심해야 한다. 혁신은 때로는 실패할 수도 있다. 실패는 성공의 어머니라고 하는데, 이를 재무관리에서는 옵션이라고도 한다. 성공하면 돈을 많이 벌고 실패하면 내가 투자한 것만 잃는 게 옵션이다. 실제 어떤 기업의 행동이 옵션 같은 효과를 낼 때 재무관리에서는 리얼옵션real option이라고 한다. 옵션은 아닌데 실제로 옵션 효과가 있다는 것이다. 실패해도 버려진 돈이 아니라는 뜻이다.

100억 원을 투자해서 성공하면 1000억 원이 될 수 있는데 실패해서 100억 원을 잃었을 경우, 이것을 완전한 손해라고 보는 것은 옵션의 본질을 이해하지 못한 것이다. 이때는 리스크가 있는 이성적이고 정당한 투자 행위에서 실패한 것일 뿐이다. 1000억 원을 버는 투자를 경쟁기업이 하고, 본 기업은 안 한 상태로 좋은 상황이 벌어질 때 위험성을 피하기 위해 실패 확률이 높더라도 투자를 하는 것이 바람직하다. 새로운 혁신에 투자하는 것이 재무관리로 치면 옵션의 효과가 있는 것이다.

그리고 혁신에의 도전은 경험 축적이라는 추가적 성과를 가진다. 기존 은행들의 다양한 서비스 확장 노력은 경험 축적이라는 면에서 바람직하다고 볼 수 있다.

신한은행이 최근 배달 서비스를 시작했는데, 이것 또한 경험 축적을 중요하게 생각한 기업의 적극적 도전으로 긍정적 현상이라고 생각한다.

정부가 지향하는 마이데이터 사업이 정상화되는 데는 시간이 오래 걸릴 수밖에 없는데, 그렇다면 그전에 결합 데이터를 쓸 방법은 두 가지밖에 없다. 금융 기업이라면 리테일 기업과 전략적 제휴를 하거나, 이보다 더 강력한 방법으로 직접 사업을 해서 데이터를 얻는 것이다. 예를 들어 신한은행이 배달 서비스를 하면 배달의 민족 같은 서비스 기업이 축적하는 것과 같은 성격의 데이터를 받아서 결합해

볼 수 있다. 그러면 그 데이터로부터 고객의 입체적인 모습이 그려질 것이고, 어느 정도의 가치가 창출될 것인지 가늠할 수 있다. 설령 사업이 실패해도 경험을 얻는다면 그 경험이 투자액 이상의 효과를 가질 수 있다.

KB국민은행도 지금 이커머스를 직접 하려고 플랫폼을 만들고 있는데, 이것 역시 실패하더라도 나중에 네이버나 쿠팡과 제휴할 때 훨씬 더 일을 잘하게 하는 기반이 될 것이다. 따라서 경험에 대한 투자는 결코 아까운 것이 아니다. 아무튼 내부 데이터의 한계 때문에 우리가 원하는 디지털 전환의 가치는 결합 데이터에서 나올 수밖에 없다.

"사악해지지 말자"

MZ세대의 사랑을 받는 기업이 되기 위해서는 혁신 이상의 가치를 진실성을 가지고 제시할 필요가 있다. 요즘 SK그룹도 ESG 경영을 많이 하는데, 이게 다 가치 지향의 비전을 실현하는 일이다.

하나의 사례로 AI 기반의 재무 컨설팅을 하는 이유가 무엇일까? 과거에는 최상류층만 받을 수 있었던 고품질의 투자 서비스나 컨설팅 서비스를 AI에 의해서 훨씬 더 많은 중산층까지 받을 수 있게 하는 것이다. 전 국민을 위한 일을 한다는 가치, 이것은 정부와 국민을 설득할 수 있는 비전이 된다.

최근 김범수 의장이 국회 청문회에서 발언하기를, 다시 과거의 카카오처럼 사랑받는 기업이 되고 싶다고 했다. 카카오는 우리에게 편리함과 무료 서비스라는 가치를 줌으로써 좋은 이미지로 지금의 수십조 기업이 될 수 있었다. 최근에는 지나친 확장으로 비난받고 있는데, 이제 다시 한 번 기업의 가치를 조정할 필요가 있다.

현재 구글이나 애플도 마찬가지 고충을 겪고 있다. 구글이 모두에게 사랑받는 기업이 된 것은 "Don't be evil", 즉 사악해지지 말자는 그들의 가치 때문이었다. 하지만 지금은 탐욕스러운 기업의 이미지가 자라나고 있다.

혁신의 궁극적인 비전은 결국 가치를 극대화하는 것이다. 지금 잠시 탐욕에 취해 있는 기업은 그것이 가치를 줄이는 행위라는 것을 성찰해야 한다. 혹여 독자 여러분 중 미래의 CEO가 꿈인 사람이 있다면 이와 같은 '가치'의 성찰을 반드시 잊지 말고 기억해야 할 것이다.

Q 묻고

답하기 A

NFT를 활용한 마켓도 디지털 전환의 사례일까?

그렇다. 내가 동경하는 사람과 같은 물건을 쓴다는 게 명품 마케팅인데, NFT는 내가 동경하는 어떤 물건의 조각을 갖는 것을 좋아하는 일이다. 개인적으로 나는 와인을 좋아하는데 상당한 고가의 와인을 1퍼센트만 살 수도 있다. NFT도 그런 것이다. 진품을 소유한다는 것이 중요하다.

MZ세대는 분명히 새로운 세대이기에 그들을 이해하려고 노력해야 한다. 예전에는 아바타 옷을 돈 주고 산다는 것도 이해하기 힘들지 않았나. 지금 NFT에 빠지는 것도 시간이 조금 지나면 별일이 아닌 당연한 일반적인 일이 될 것이다. 그런데 재미있는 현상은, 기성세대도 대단히 겸손해져서 MZ세대의 가치를 따라 하려고 한다는 것이다. 그런 점에서 나는 가치의 디지털 전환도 일어나고 있다고 생각한다.

MZ세대 이후, 2010년대 태어난 세대는 어떤 소비자 특징을 가질 것으로 전망하는가?

2010년 이후 알파세대라고 불리는 세대는 아마도 3D SNS 시대를 열지 않을까 싶다. 3D 인터랙션은 2D 인터랙션과 상당히 다를 것이다. 3D는 아바타로 접촉하는 것인데, 의외로 3D로 만난 사람은 오프라인에서 직접 만났을 때도 어색하지 않다고 한다. 인터넷상에서 2D로 만난 사람은 실제 만나면 사실 많이 어색하다. 그런데 잘 꾸민 아바타와 실제가 다른 모습임에도 3D는 오히려 현실에서 어색하지 않다고 한다.

그리고 컴퓨터의 세대 차이가 확연해질 것이다. 1세대 컴퓨터라는 포괄 목적 기계으로 거대 기업이 된 회사가 IBM이라면, 2세대 스마트폰이라는 포괄 목적 기계로 세계 1, 2위 기업이 된 곳이 애플이다. 스마트폰의 등장이다. 그렇다면 이제 우리는 '3세대 포괄 목적 기계'를 만드는 회사에 투자해야 할 텐데, 그곳이 어디일까?

상상해보자면 2010년 이후 세대는 매트릭스 같은 공간에 살지 않을까? 임베디드 컴퓨터embedded computer의 등장으로 인간과 컴퓨터 사이에 접속이 일어날 것 같다. 뇌와 컴퓨터를 연결하는 등, 특정 임무를 갖는 임베디드 컴퓨터가 포괄 목적 기계가 아닐까 생각한다. 2010년 이후 세대는 아마도 임베디드 컴퓨터로 일상을 보내지 않을까?

나가는 글

위대한 기업을 만드는 위대한 변화

제조 기업 임원들이 플랫폼 비즈니스를 하고 싶은데 어떻게 하면 좋겠느냐고 내게 물어오는 경우가 있다. 대부분은 자신의 기업의 제품들을 올리는 전자상거래 플랫폼을 만들고 구매자들을 끌어 오겠다는 생각이다. 그러면 나는 '귀사의 경쟁기업들을 모아서 플랫폼을 만들고, 고객을 같이 모으고 결합 서비스를 해서 기존 플랫폼이나 타 사이트들과 경쟁을 하면 이길 확률이 커질 수 있지 않겠느냐'고 제안한다.

하지만 이 제안에 긍정적으로 답을 하는 임원은 본 적이 없다. 데이터 기반 의사결정, 정보 집적의 비선형적 가치 상승의 플랫폼의 성공의 비밀을 아무리 이야기해도 이런 발상의 전환과 기존의 믿음을 벗어나는 실행은 그리 쉽게 일어나지 않는다.

물론 경쟁사 간 협력은 매우 어려운 일이거나 업계를 모르는 소리일 수도 있다. 그러나 그만한 큰 변화 없이 수많은 단독기업의 사이트들 중 하나가 되어 성공한다는 것은 현재의 경쟁으로는 거의 불가능하다. 변화 없이 성공은 이루어지지 않는다.

기업의 CEO에게서 "교수님은 다른 교수님들과 다르세요"라는 소리를 들을 때가 있다. 경영 현실을 잘 아는 교수라는 칭찬이다. 기업과 같이 고민하는 학자의 모습으로 노력해왔다는 것을 인정받은 것 같아 기쁘다.

중소기업부터 대기업, 전통 제조기업부터 인터넷 기업까지 많은 기업과 함께 고민하고, 그것을 해결하는 데 도움을 주고자 노력하는 과정에서 느낀 것이 있다. 결국 많은 토의와 프로젝트들을 통한 고민, 경험과 시행착오들, 실패와 도전을 두려워하지 않는 변화에 대한 결심이 우리의 생각을 변화시키고, 기존 관념과 저항을 극복하며, 비로소 그 어려운 디지털 전환을 이루어낼 수 있다는 것이다. 지금도 겉으로 보이는 전시성 노력이 아닌, 진정한 노력과 고민을 하는 기업인들에 의해 이 위대한 변화는 결국 이뤄질 것이다.

자본주의의 주인공인 기업들, 특히 한국의 기업들이 과감히 플랫폼 비즈니스 모델을 도입하고, 기존 기업의 묵은 관행들을 깨고 디지털 기술을 체화하여 고객 경험을 향상시킬 데이터 기반 의사결정을 하며, 새로운 사업들을 일으키기를 바란다. 세계로 나아가 더 많은 고객을 만족시키는 제품과 서비스를 제공하고, 한국에 더욱 많은 부를 가져와서, 우리 국민이 더욱 풍요롭게 살 수 있기를 희망한다.

정부는 메타플랫폼으로 진정한 판을 깔아주고 규제보다는 조용히 지원해주는 조연의 역할을 충실히 해주기를 바란다. 기업들의 무한경쟁을 국가가 발 벗고 돕는 국가 간 무한 경쟁의 시대에 한국의 자랑스러운 기업들과 정부가 한국의 저력을 마음껏 보여주기를 바란다.

1. https://www.alba.co.kr/story/brand/MediaReportView.asp?idx=3593

2. "[메타버스 시대③] MZ세대들 가장 열광…왜?", 《뉴시스》, 2021. 07. 18.

3. 알베르토 사보이아, 『아이디어 불패의 법칙』, 인플루엔셜, 2019.

4. "페이스북, 인스타그램 제치고 국내 1위 SNS 된 '네이버 밴드'", 《앱스토리》, 2020. 09. 21.

5. "'새벽 6시 일어나기' '오늘 술 안 마시기'…이제 네이버 밴드로 '미션 인증' 하세요", 《조선비즈》, 2019. 12. 24.

6. "네이버 밴드, 미션 인증 챌린지로 1020세대를 사로잡다!", 《트렌드 사파리》, 2022. 02. 28.

7. https://www.andrewahn.co/silicon-valley/amazonbezos-decision-framework/

8. https://www.amazon.jobs/content/en/our-workplace/leadershipprinciples

9. "예산 수십억원 들인 지자체 배달앱 20개, 하루 이용자는 '배민'의 3%", 《조선비즈》, 2021. 10. 07.

10. 권혁기, 「디지털화에 따른 산업구조 변화와 유망사업」, LG경제연구원, 2000.

11. 노상규, 『오가닉 비즈니스: Network is eating the world』, 오가닉미디어랩, 2016.

12. 노상규, 『오가닉 비즈니스: Network is eating the world』, 오가닉미디어랩, 2016.

13. "(비상장)두나무, 코인 불황기가 두렵다", 《넘버스》, 2022. 06. 02.

14. 서영수, 「마이데이터산업과 은행산업」, 키움증권, 2020. 08. 28.

15. "'핀테크 최강자' 토스, 20조원 몸값 정당한가요?", 《넘버스》, 2022. 05. 28

16. "세일즈포스는 어떻게 전세계 CRM을 석권했나", 《테크 레시피》, 2019. 11.

17. "(CASE STUDY) (8) 업종 불문 영역 파괴자 '아마존' 무인점포 · 알렉사 · 드론…세계의 혁신 선봉", 《매경이코노미》, 2017. 03. 27.

18. "30년간 글로벌 기업 시가총액 순위 변화", 《WEEKLY BIZ》, 2019. 04. 26.

19. Val Srinvas, Richa Wadhwani, "DI_Bank-branches-digital-world," THE DELOITTE CENTER FOR FINANCIAL SERVICES, 2019.

20. Mark Schofield, Nikola Glusac, Peter Stumbles, "Reimagining the Digital Branch of the Future: Let's Get Practical," bain & company, 2019.

21. Capgemini Financial Services Analysis, 2021.

22. https://digiday.com/?p=149334

23. https://brunch.co.kr/@sportspjm/67 참조

24. https://brunch.co.kr/@sportspjm/81 참조

25. https://brunch.co.kr/@sportspjm/76 참조

26. https://brunch.co.kr/@sportspjm/77 참조

27. https://brunch.co.kr/@sportspjm/72 참조

28. https://brunch.co.kr/@sportspjm/73 참조

29. https://brunch.co.kr/@sportspjm/71 참조

30. Bennet P. Lientz, Kathryn P. Rea, "Breakthrough IT Change Management: how to get enduring change results", Butterworth-Heinemann, 2003.

31. Bennet P. Lientz, Kathryn P. Rea, "Breakthrough IT Change Management: how to get enduring change results", Butterworth-Heinemann, 2003.

32. https://www.cbinsights.com/research/top-us-banks-fintechacquisitions/

33. https://market.dighty.com/newsletter/?q=YToxOntzOjEyOiJrZXl3b3JkX3R5cGUiO3M6MzoiYWxsIjt9&bmode=view&idx=7422193&t=board

34. "'10명 중 8명이 가치소비 해봤다'…MZ세대가 가장 적극적", 《연합뉴스》, 2022. 07. 05.

35. "귀찮은 건 딱 질색, 요즘 대세 '편리미엄'", 《한국 마케팅 신문》, 2022. 03.

36. "MZ세대 10명 중 3명 '콜 포비아' 겪는다…알바 지원도 '전화 → 문자'", 《e프레시뉴스》, 2022. 09. 20.

37. 삼정KPMG 경제연구원, 「은행산업에 펼쳐지는 디지털 혁명과 금융 패권의 미래」, 삼정인사이트 Vol.73, 2021.

38. 삼정KPMG 경제연구원, 「은행산업에 「은행산업에 펼쳐지는 디지털 혁명과 금융 패권의 미래」, 삼정인사이트 Vol.73, 2021.

KI신서10839

마지막 생존 코드, 디지털 트랜스포메이션

1판 1쇄 발행 2023년 4월 6일
1판 3쇄 발행 2024년 7월 31일

지은이 유병준
펴낸이 김영곤
펴낸곳 ㈜북이십일 21세기북스

서가명강팀장 강지은 **서가명강팀** 박강민 강효원 서윤아
디자인 THIS-COVER
출판마케팅영업본부장 한충희
마케팅1팀 남정한
출판영업팀 최명열 김다운 김도연 권채영
제작팀 이영민 권경민

출판등록 2000년 5월 6일 제406-2003-061호
주소 (10881)경기도 파주시 회동길 201(문발동)
대표전화 031-955-2100 **팩스** 031-955-2151 **이메일** book21@book21.co.kr

ISBN 978-89-509-2376-1 04300
978-89-509-7942-3 (세트)